Für Alice, die beste Agentin, die sich ein Autor wünschen kann

M. R.

Für Mama, Avarie und Nolan

K. M.

Mit Dank an Dr. Rosalyn Wade vom Museum für Zoologie
und Dr. Helen Scales für ihre Ratschläge.

Dieses Buch ist Teil unseres Programms E.A. SEEMANNs BILDERBANDE.
Es umfasst Bücher und Spiele, die Kindern mit viel Spaß die bunte Welt der Kultur eröffnen: Malerei, Architektur und Kulturgeschichte, Musik, Oper, Theater und Tanz.
Die BILDERBANDE macht Bücher zum Entdecken, Geschichten zum Vorlesen und Spiele.

in der E.A. Seemann Henschel GmbH & Co. KG, Leipzig
seemann-henschel.de
instagram.com/seemann_henschel_verlagsgruppe
facebook.com/seemann.henschel
pinterest.de/seemann_henschel

Projektleitung: Caroline Keller
Satz: Gudrun Hommers, Berlin

Erstmals 2024 in Englisch erschienen unter dem Titel *Beasts from the Deep*
bei Nosy Crow Limited, www.nosycrow.com, die das Buch in Zusammenarbeit mit der University of Cambridge produziert haben.

Bibliografische Information der Deutschen Nationalbibliothek
Die Deutsche Nationalbibliothek verzeichnet diese Publikation in der Deutschen Nationalbibliografie; detaillierte bibliografische Daten sind im Internet über http://dnb.dnb.de abrufbar.

Das Papier wurde aus Holz aus nachhaltiger Forstwirtschaft hergestellt.
Gedruckt in China.
ISBN 978-3-86502-534-0

TIEFSEE-MONSTER

Sonderbare Meeresbewohner
und ihre Geheimnisse

MATT RALPHS · KALEY MCKEAN

Übersetzt von Stefanie Brägelmann
und Annika Klapper

ZWIELICHTZONE · 200-1000 METER

Gestreifter Seewolf 10
Schwarzer Drachenfisch 12
Japanische Riesenkrabbe 14
Vampirtintenfisch 16
Tomopteris 18
Sargfisch 20
Gespensterfisch 22
Gemeines Perlboot 24
Laternenfisch 26
Regalecus glesne 28

MITTERNACHTSZONE · 1000-4000 METER

Fächerflosser 32
Nasenhai 34
Blutbauch-Kammqualle 36
Pottwal 38
Lasiognathus amphirhamphus 40
Grönlandhai 42
Halitrephes maasi 44
Fangzahnfisch 46
Cirroteuthis-Oktopus 48
Walkopf 50
Kragenhai 52
Phantomqualle 54
Seefledermaus 56
Alarmqualle 58
Riesenmaulhai 60
Riesenkalmar 62
Staatsqualle 64
Riesenassel 66

DAS ABYSSAL · 4000–6000 METER

Casper-Oktopus 70
Dreibeinfisch 72
Kolossale Seespinne 74

DIE GRÄBEN · 6000–11.000 METER

Dumbo-Oktopus 78
Bartmännchen 80
Seegurke 82

Die Rückkehr zum Licht 84
Glossar 86
Register 88

HINAB IN DIE DUNKLE TIEFE

In dem Hightech-Zeitalter, in dem wir leben, könnte man meinen, jeder Winkel der Erde wäre mithilfe von Flugzeugen, Satelliten und Kameras schon ausgekundschaftet worden. Dass selbst die entlegensten Orte auf einer Karte verzeichnet sind und jede Pflanzen- und Tierart entdeckt, untersucht und katalogisiert wurde. Dass es im Grunde keine Geheimnisse mehr aufzudecken gibt.

Doch das stimmt nicht. Auf der Erde gibt es sehr wohl einen Ort, der noch kaum erforscht ist. Er liegt unter der SONNENLICHTZONE – dem Epipelagial – der oberen, lichtdurchfluteten, von der Sonne erwärmten Schicht des Meeres. Und er reicht zum Teil bis zu 10 Kilometer in die Tiefe.

Die Tiefsee.

Eine weite Landschaft, in der trotz eisiger Temperaturen, hohen Wasserdrucks und totaler Dunkelheit Tausende wundersame Lebewesen wohnen, die sich an die Gegebenheiten angepasst haben – unheimliche Ungeheuer, fantastische Fabelwesen und komische Kreaturen. Von Haien, die 500 Jahre alt werden, Fischen mit so langen Zähnen, dass sie ihr Maul nicht schließen können, und Seespinnen, die das Innere ihrer Beute mit einem Rüssel aussaugen.

Diese Naturwunder zu untersuchen ist nicht einfach. Die für solche Tiefen erforderliche Tauchausrüstung ist teuer, viele der Kreaturen sind sehr selten oder im Dunkel nur schwer auszumachen und sie lebendig zu fangen ist nahezu unmöglich, denn sie sind empfindlich und sterben meist, wenn man sie mit Netzen fängt oder an die Oberfläche zieht.

Wir wissen nicht, wie viele verschiedene Arten in der Tiefsee leben. Unbemannte, mit Kameras ausgestattete Tauchboote erkunden auf wissenschaftlichen Expeditionen die Tiefsee und treffen jedes Mal auf neue, nie gesehene Arten.

Fest steht, dass dieses Buch nur einen Bruchteil der Tiefsee-Bewohner zeigt. Atme also tief ein und begib dich auf eine Entdeckungsreise hinab . . .

in . . .

die . . .

dunklen . . .

Tiefen des Ozeans.

OZEAN-SCHICHTEN

Die tiefsten Weltmeere unterteilt man in fünf Schichten. Die oberste, vom Sonnenlicht erhellte und erwärmte Schicht ist die Heimat der meisten Lebewesen. Geht man weiter nach unten, nehmen Dunkelheit, Kälte und Wasserdruck zu – doch auch hier gibt es Leben.

DIE GRÄBEN

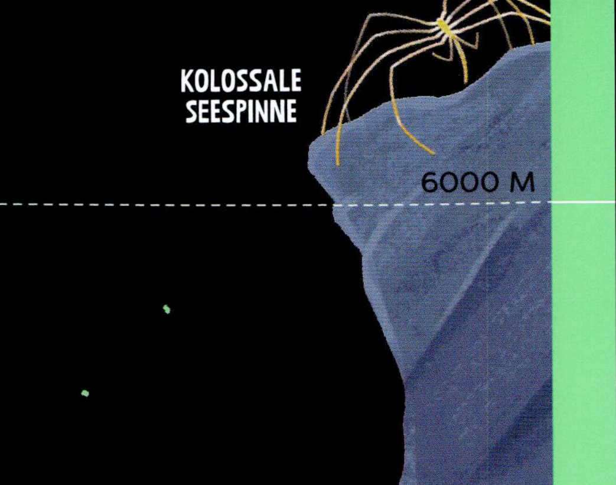

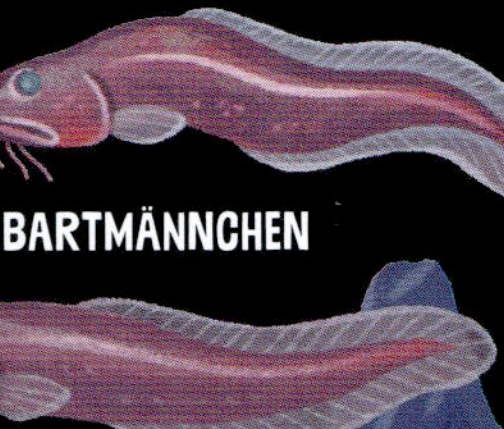

SEEGURKE

6000 M

7000 M

8000 M

9000 M

10.000 M

11.000 M

DIE
ZWIELICHT
ZONE

200-1000 METER

Unter der hellen, lebhaften Sonnenlichtzone (0–200 Meter) liegt eine bläulich-dunkle Welt – die Zwielichtzone (das Mesopelagial). Unberührt von Wind oder Wellengang folgen diese Gewässer ihren eigenen sonderbaren Strömungen und bieten vielen Wunderwesen ein Zuhause.

GESTREIFTER SEEWOLF

Der Gestreifte Seewolf verdankt seinen Namen den dunklen Streifen auf seinem Rücken und lebt in bis zu 500 Metern Tiefe. Dieser aalartige Knochenfisch kann bis zu 1,5 Meter lang werden (das entspricht einer Badewanne) und verfügt neben kräftigen Zähnen über eine kleine Schwanzflosse und eine lange Rückenflosse.

Mit den spitzen Zähnen vorn in seinem breiten und starken Kiefer schnappt sich der Seewolf seine Beute; dazu gehören Schalen- und Krustentiere, Schlangensterne, Seeigel, Schnecken, Garnelen und Seesterne. Mit den stumpfen Zähnen weiter hinten im Maul bricht er die Panzer seiner Beute auf, um an das weiche Fleisch im Inneren zu gelangen.

Der Gestreifte Seewolf jagt gern nah am Meeresboden und zwischen Felsen am Grund, die ihm ein Versteck bieten, um seiner Beute aufzulauern.

DER GESTREIFTE SEEWOLF BILDET EIN NATÜRLICHES ANTIFROST-PROTEIN, DAS SEIN BLUT SELBST IM EISKALTEN NORDATLANTIK WEITER ZIRKULIEREN LÄSST.

Die Weibchen legen Tausende Eier auf einmal. Die Männchen bewachen die Eier (die mit einem Durchmesser von 5,5 Millimetern zu den größten Fischeiern in freier Wildbahn zählen), und warten, bis die Baby-Seewölfe nach 3 bis 10 Monaten schlüpfen. Diese müssen danach für sich selbst sorgen, und nur wenige erreichen das Erwachsenenalter.

SCHWARZER DRACHENFISCH

Wenige Kreaturen der Tiefsee sehen so gruselig aus wie der Schwarze Drachenfisch. Mit den stierenden Riesenaugen und den spitzen Fangzähnen wirkt er wie ein Monster aus einer Horrorgeschichte. Und für seine armen Beutetiere ist der Drachenfisch auch genau das: ein Monster, das mit geöffnetem Maul im Dunkeln auf sie lauert …

Man nimmt an, dass der Drachenfisch seine Leuchtorgane auf dem Kopf und neben den Augen wie einen Scheinwerfer aus farbigen Leuchtzellen nutzt – ein Vorteil gegenüber den farbenblinden Fischen und Krustentieren, die er jagt.

DIE LARVEN DES DRACHENFISCHS SIND DURCHSICHTIG UND IHRE AUGEN SITZEN AN STÄBEN, DIE HALB SO LANG WIE IHRE KÖRPER SEIN KÖNNEN.

Eine weitere Waffe des Weibchens ist ein langer Fühler am Kinn – der Bartel. Er funktioniert wie ein Köder. Das Weibchen kann mit ihm wedeln und ihn leuchten lassen, um andere Meeresbewohner in die Nähe ihres Mauls zu locken.

Die Weibchen können bis zu 40 Zentimeter lang werden, während die Männchen mit nur 5 Zentimetern deutlich kleiner sind. Die männlichen Drachenfische sind dunkelbraun und haben keine Flossen, Barteln oder Fangzähne wie die Weibchen.

JAPANISCHE RIESENKRABBE

Vor der Südküste Japans krabbeln wahre Riesen über den Meeresgrund. Mit einer Spannweite von fast 4 Metern (so lang wie ein Auto) und einem Panzer, dessen Durchmesser bis zu 40 Zentimeter erreichen kann, ist die Japanische Riesenkrabbe der größte Gliederfüßer und – nach dem Amerikanischen Hummer – der zweitschwerste. Sie hat acht Laufbeine und vorn zwei Beine mit Scheren, die sogenannten „Chelae“.

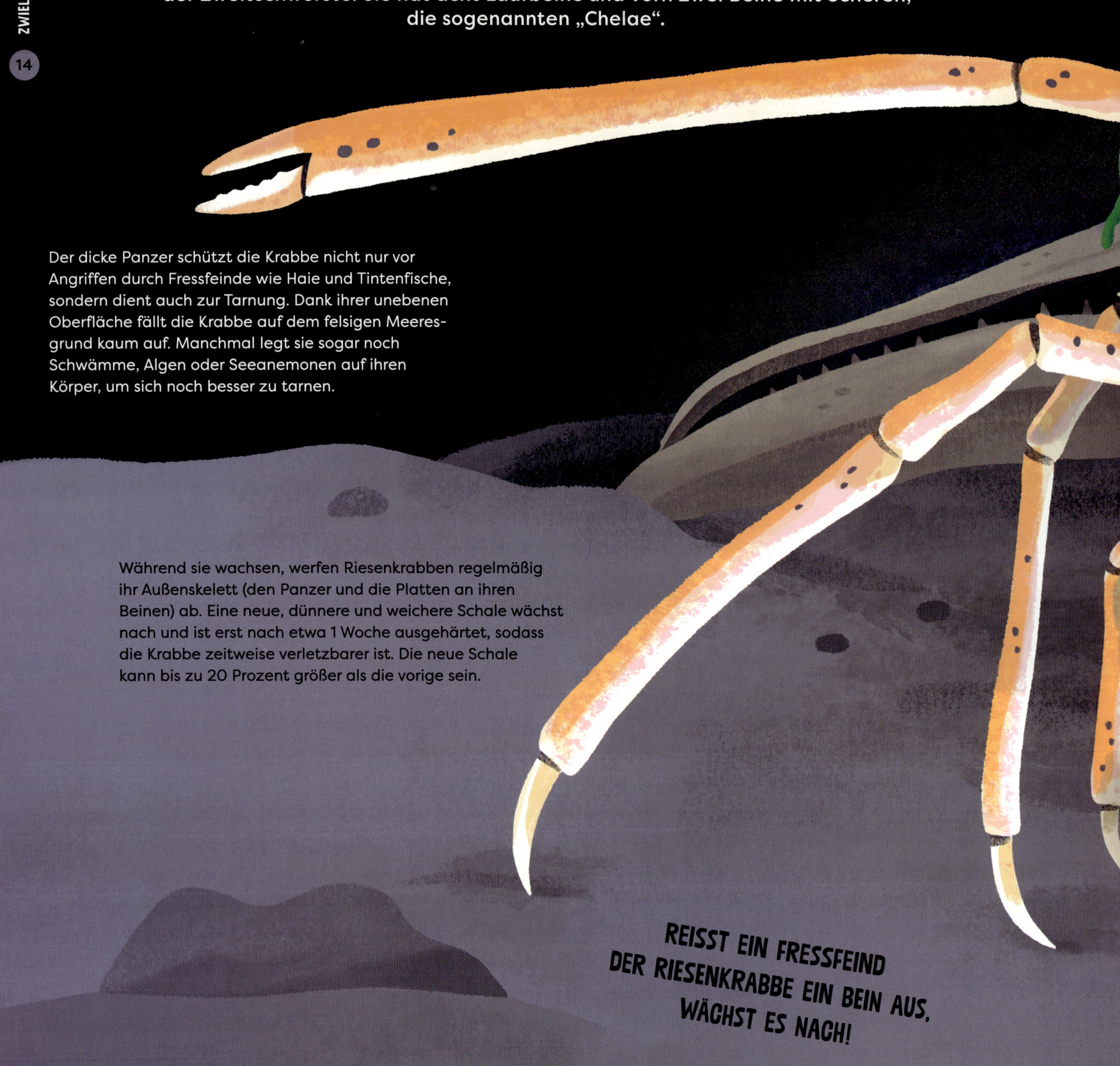

Der dicke Panzer schützt die Krabbe nicht nur vor Angriffen durch Fressfeinde wie Haie und Tintenfische, sondern dient auch zur Tarnung. Dank ihrer unebenen Oberfläche fällt die Krabbe auf dem felsigen Meeresgrund kaum auf. Manchmal legt sie sogar noch Schwämme, Algen oder Seeanemonen auf ihren Körper, um sich noch besser zu tarnen.

Während sie wachsen, werfen Riesenkrabben regelmäßig ihr Außenskelett (den Panzer und die Platten an ihren Beinen) ab. Eine neue, dünnere und weichere Schale wächst nach und ist erst nach etwa 1 Woche ausgehärtet, sodass die Krabbe zeitweise verletzbarer ist. Die neue Schale kann bis zu 20 Prozent größer als die vorige sein.

REISST EIN FRESSFEIND DER RIESENKRABBE EIN BEIN AUS, WÄCHST ES NACH!

Die Japanische Riesenkrabbe ist ein Allesfresser und fast immer auf Nahrungssuche. Sie ernährt sich von Algen, tierischen Überresten und bricht mit ihren Scheren Schalentiere auf, um das Fleisch im Inneren zu verspeisen.

DER JAPANISCHE NAME FÜR DIE RIESENKRABBE IST „TAKA-ASHI-GANI" UND BEDEUTET „LANGBEINIGE KRABBE".

VAMPIRTINTENFISCH

Der wissenschaftliche Name dieses Tintenfischs, *Vampyroteuthis infernalis*, bedeutet „Vampirtintenfisch aus der Hölle“. Das klingt nach einem riesigen Seeungeheuer! Dabei wird dieses sonderbare Lebewesen nur rund 30 Zentimeter lang und treibt meistens friedlich in der Zwielichtzone, dem Mesopelagial, umher, wobei sich die Schwimmhäute zwischen seinen Armen wie ein Umhang aufblasen.

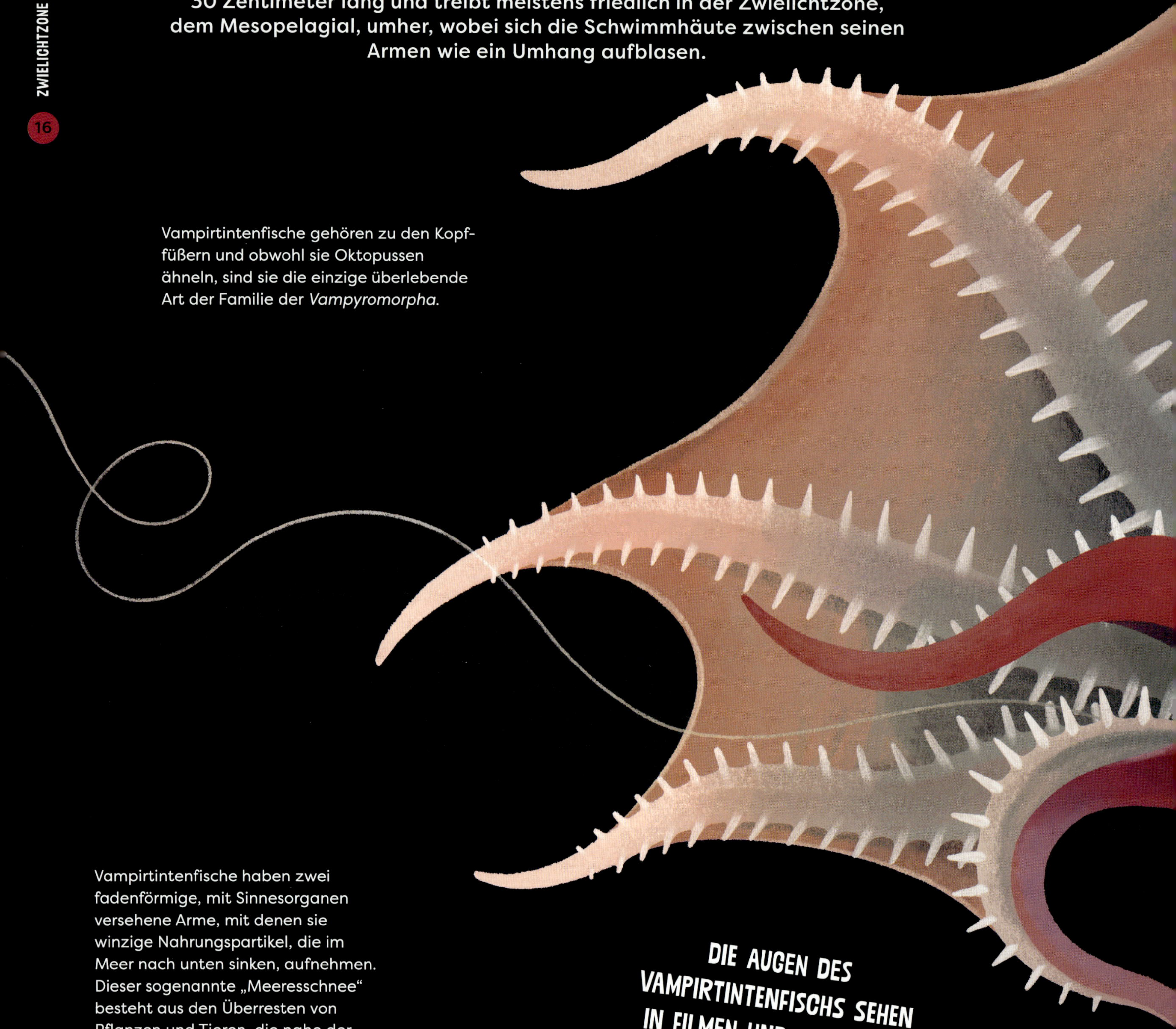

Vampirtintenfische gehören zu den Kopffüßern und obwohl sie Oktopussen ähneln, sind sie die einzige überlebende Art der Familie der *Vampyromorpha.*

Vampirtintenfische haben zwei fadenförmige, mit Sinnesorganen versehene Arme, mit denen sie winzige Nahrungspartikel, die im Meer nach unten sinken, aufnehmen. Dieser sogenannte „Meeresschnee“ besteht aus den Überresten von Pflanzen und Tieren, die nahe der Oberfläche gestorben sind. Er ist eine verlässliche Nahrungsquelle für alle Aasfresser der Tiefsee.

DIE AUGEN DES VAMPIRTINTENFISCHS SEHEN IN FILMEN UND AUF FOTOS BLAU AUS. IN ECHT SIND SIE ABER DURCHSICHTIG.

Wie viele Tiefseekreaturen verfügt der Vampirtintenfisch über zahlreiche Leuchtorgane (Seite 26), mit denen er grell leuchtende Wolken ausstoßen kann. Damit will er vermutlich Fressfeinde verwirren, sodass er Zeit gewinnt, um zu entkommen.

DER VAMPIRTINTENFISCH KANN AN DEN TENTAKELENDEN LEUCHTENDEN SCHLEIM ABSONDERN UND SO FEINDE VERWIRREN.

Zwischen den Armen des Vampirtintenfischs spannen sich Schwimmhäute, die er wie ein Rollo auf- und zuziehen kann. Bei Störungen oder Gefahren rollt er seinen Umhang bis über den Kopf, zeigt die stachelige Unterseite und wirkt dadurch größer und bedrohlicher.

TOMOPTERIS

Durch seinen dünnen, langen Körper und die dutzenden Beinchen sieht der Planktonische Borstenwurm aus wie ein lebendes Fossil. Beim Schwimmen bewegt sich sein Körper in einer Art Schlangenlinie, die zwei Beinreihen fungieren als Ruder. So kann er vorwärts und rückwärts schwimmen sowie abrupt wenden – ideal, um Feinden zu entkommen oder selbst auf Beutefang zu gehen.

Tomopteris zählen zur Gattung der Vielborster: deren Körper setzen sich aus Segmenten zusammen. Die meisten Vielborster vergraben sich im Meeresboden oder verharren ihr ganzes Leben regungslos in selbstgebauten Röhren, doch der Planktonische Borstenwurm schwimmt frei im Ozean umher, ohne jemals den Grund zu berühren.

TOMOPTERIS SIND IMMER IN BEWEGUNG – AUF NAHRUNGSSUCHE UND AUF DER FLUCHT VOR FRESSFEINDEN.

Aufgrund seines durchsichtigen Körpers ist dieser Wurm schwer zu erkennen. Er kann blau leuchten (Biolumineszenz), wobei sein Körper beim Schwimmen blitzt und flackert. Manchmal sondert er eine ungewöhnlich gelb leuchtende Flüssigkeit ins Wasser ab, wahrscheinlich um Feinde in der Nähe zu verwirren.

Tomopteris werden meistens nur wenige Zentimeter lang, doch einige Exemplare messen von Kopf bis Schwanzende 1 Meter. Sie leben überall auf der Welt und ernähren sich von Plankton.

SARGFISCH

Der traurig wirkende Sargfisch (auch „Seekröte“ genannt) hat einen rundlichen Körper und außergewöhnliche Eigenschaften, dank derer er in der Tiefsee überleben kann. Er gehört zu den Anglerfischen, wird bis zu 22 Zentimeter lang und lebt vorwiegend im Südwestpazifik nahe Australien in Tiefen von rund 450 Metern.

Wie alle Anglerfische ist auch der Sargfisch ein Jäger, der seine Opfer aus dem Hinterhalt angreift. Meistens lauert er regungslos in Felsspalten auf seine Beute, zu der Fische, Garnelen und Oktopusse zählen.

Um keine wertvolle Energie zu verlieren, halten sich Sargfische vorwiegend am Grund auf, statt zu schwimmen. Ihre Brust- und Bauchflossen sind so angepasst, dass sie auf ihnen wie auf Beinen gehen und stehen können.

Die kleine, weiche Rückenflosse zwischen den Augen des Sargfischs dient als Angel. Wedelt er mit ihr, verwechseln Beutetiere den Köder mit einem Leckerbissen und nähern sich ahnungslos dem Riesenmaul des Sargfischs.

Der Sargfisch ist der einzige Fisch, der seine Kiemenkammern mit Wasser füllen kann. Dadurch vergrößert sich sein Körpervolumen um 30 Prozent. Das zusätzliche Wasser liefert weiteren Sauerstoff, sodass er rund 4 Minuten lang die Luft anhalten kann. Man nimmt an, dass der Sargfisch so Energie einspart (Atmen kostet Kraft) – eine nützliche Anpassung an eine Umgebung, in der Nahrung eher selten zu finden ist.

GESPENSTERFISCH

Es gibt wenige so seltsame und zugleich schöne Kreaturen wie den Gespensterfisch. Er lebt in den warmen Gewässern von Atlantik, Pazifik und Indischem Ozean. Dort treibt er mit der Strömung und sucht das Wasser über seinem durchsichtigen Kopf nach der nächsten Mahlzeit ab.

Das wohl bizarrste Merkmal dieses Fisches ist die durchsichtige, mit Flüssigkeit gefüllte Kuppel an der Kopfoberseite. Wie beim Cockpit eines Flugzeugs kann der Gespensterfisch die gesamte Umgebung überschauen, während seine Augen geschützt bleiben.

Gespensterfische ernähren sich vorwiegend von Quallen und Zooplankton, wobei vermutet wird, dass sie manchmal Nahrung aus den Tentakeln der Staatsqualle klauen (Seite 64). Die Kuppel über den Augen dient als Schutz vor den Nesselzellen (*Nematocyten*) dieser Qualle.

Die zwei dunklen Löcher über dem Maul des Gespensterfischs sehen aus wie Augen. Doch dabei handelt es sich um seine Nasenlöcher, dank derer er Beute in der Nähe riechen kann.

GESPENSTERFISCHE KÖNNEN IHRE GROSSEN, RÖHRENFÖRMIGEN AUGEN NACH OBEN ODER VORN DREHEN.

Vermutlich schwimmt der Gespensterfisch meist waagerecht umher und sucht in den Gewässern über sich nach Nahrung. Sobald er Beute entdeckt, dreht er die Augen nach vorn und schwimmt steil nach oben, um seine Beute zu verschlingen.

Gespensterfische sind keine schnellen Schwimmer. Sie nutzen ihre großen Brustflossen, um trotz der Strömung im Wasser auf der Stelle zu verharren oder um sich sachte und unbemerkt ihrer Beute zu nähern, die sie anschließend mit ihrem zahnlosen Maul fangen.

GEMEINES PERLBOOT

Auf den ersten Blick hält man das Gemeine Perlboot (auch „Schiffsboot“ genannt) mit seinem schönen Muster für eine Art Meeresschnecke. Doch es ist ein Kopffüßer – eng verwandt mit dem Tintenfisch – und die einzige heute noch lebende Art, die in einer Außenschale lebt. Perlboote trieben sich schon vor etwa 480 Millionen Jahren in den Weltmeeren herum, lange bevor es die ersten Dinosaurier gab!

Mit seinen 90 beweglichen Fangarmen tastet das Perlboot Felsen und Riffe nach kleinen Krebsen und Fischen ab. Die Tentakel sind mit einer klebrigen Substanz überzogen, mit der es seine Beute besser packen und zum hornigen Schnabel befördern kann. Ist sie dort einmal zerkleinert, wird die Nahrung durch eine Art Zunge, die mit Zähnen versehen ist (genannt „Radula“), weiter zermahlen und anschließend verschluckt.

Wie der Tintenfisch nutzt auch das Perlboot Strahlantrieb zur Fortbewegung: Aus einem Röhrenorgan nahe des Kopfes, dem Sipho, spritzt es Wasser heraus. Damit kann es auch seine Fortbewegungsrichtung ändern.

ZWAR SEHEN PERLBOOTE ZIEMLICH SCHLECHT, KÖNNEN ABER ÜBER IHREN GUTEN GERUCHSSINN NAHRUNG AUFSPÜREN.

Das Perlboot hat viel mehr Tentakel als Kraken und Kalmare sowie eine Schale – und es lebt deutlich länger, manchmal wird es 20 Jahre alt. Nachts geht es in 70 Metern Tiefe auf Nahrungssuche, während es bei Tagesanbruch bis 700 Meter abtaucht, um Fressfeinden aus dem Weg zu gehen. Wenn Gefahr droht, zieht sich das Perlboot in seine Schale zurück und verschließt diese mit einer Haube über seinem Kopf.

Während das Perlboot wächst, bildet es weitere Kammern in der Schale. Die meisten Tiere bewohnen die äußere Kammer, doch mithilfe einer Art Schlauch, der durch die gesamte Schale verläuft, kann Flüssigkeit in oder aus den dahinter liegenden Kammern gepumpt werden. Indem Flüssigkeit oder Gas in die Kammern geleitet wird, kann das Perlboot abtauchen oder aufsteigen – das gleiche Prinzip wie bei einem U-Boot.

LATERNENFISCH

Es gibt 246 Arten Laternenfische und bis auf eine Art haben alle eine Besonderheit: Wie ihr Name schon verrät, können sie im Dunkeln leuchten. Diese Fähigkeit nennt man Biolumineszenz. Viele Tiefseekreaturen gebrauchen sie aus den verschiedensten Gründen: zur Tarnung oder Kommunikation, um Paarungspartner oder auch Beutetiere anzulocken, um Fressfeinde zu verwirren …

Der chemische Prozess der Biolumineszenz findet in winzigen Organen, den Photophoren, statt. Diese liegen beim Laternenfisch an Kopf, Körperunterseite und Schwanz und strahlen blaues oder grünes Licht aus. Man vermutet, dass die blauen Leuchtorgane an der Unterseite einiger Laternenfische den schwachen Lichtschein von der Meeresoberfläche imitieren sollen und den Fisch so für Fressfeinde weiter unten „unsichtbar“ machen.

Laternenfische haben einen schlanken, von silbrig glänzenden Schuppen bedeckten Körper und große Augen, mit denen sie jedes Fünkchen Licht in der Zwielichtzone, dem Mesopelagial, wahrnehmen können. Die meisten werden rund 15 Zentimeter lang, manche auch doppelt so lang. Sie kommen in allen Weltmeeren vor und sind eine wichtige Nahrungsquelle für Wale, Delfine, Pinguine, Thunfische, Seehunde, Seevögel und Tintenfische.

ES WIRD VERMUTET, DASS ES AUF DER ERDE MEHR LATERNENFISCHE GIBT ALS IRGENDEINE ANDERE ART VON WIRBELTIEREN.

Laternenfische suchen Schutz in großen Schwärmen. Die sind so dicht, dass frühe Sonargeräte sie mit dem Meeresgrund verwechselten. Tagsüber verstecken sie sich vor Fressfeinden in der Dunkelheit, der Zwielichtzone. Doch nach Sonnenuntergang tauchen sie (wie viele andere Tiefseebewohner) auf in das Epipelagial, die Sonnenlichtzone, wo sie sich im Schutz der Nacht von Zooplankton ernähren. Dieses Phänomen nennt man Vertikalwanderung.

REGALECUS GLESNE

Mit ihren schlanken, flachen Körpern flattern diese Riemenfische wie Flaggen im Mesopelagial umher. Die meisten der seltenen und ungewöhnlichen Knochenfische werden rund 3 Meter lang, der längste je gefundene *Regalecus glesne* maß 11 Meter von Kopf bis Schwanz – etwa so lang wie ein Bus.

Abergläubische Seeleute hielten den Riemenfisch – mit seinem bandförmigen, schlangenartigen, silberfarbenen Körper und den stierenden Augen – für eine Art Seeungeheuer. Tatsächlich ist er vollkommen ungefährlich für den Menschen, denn er hat noch nicht einmal Zähne. Er ernährt sich von winzigen Organismen, die er mit seinen Kiemen, die über reihenweise dünne Knochenfortsätze verfügen, aus dem Wasser filtert.

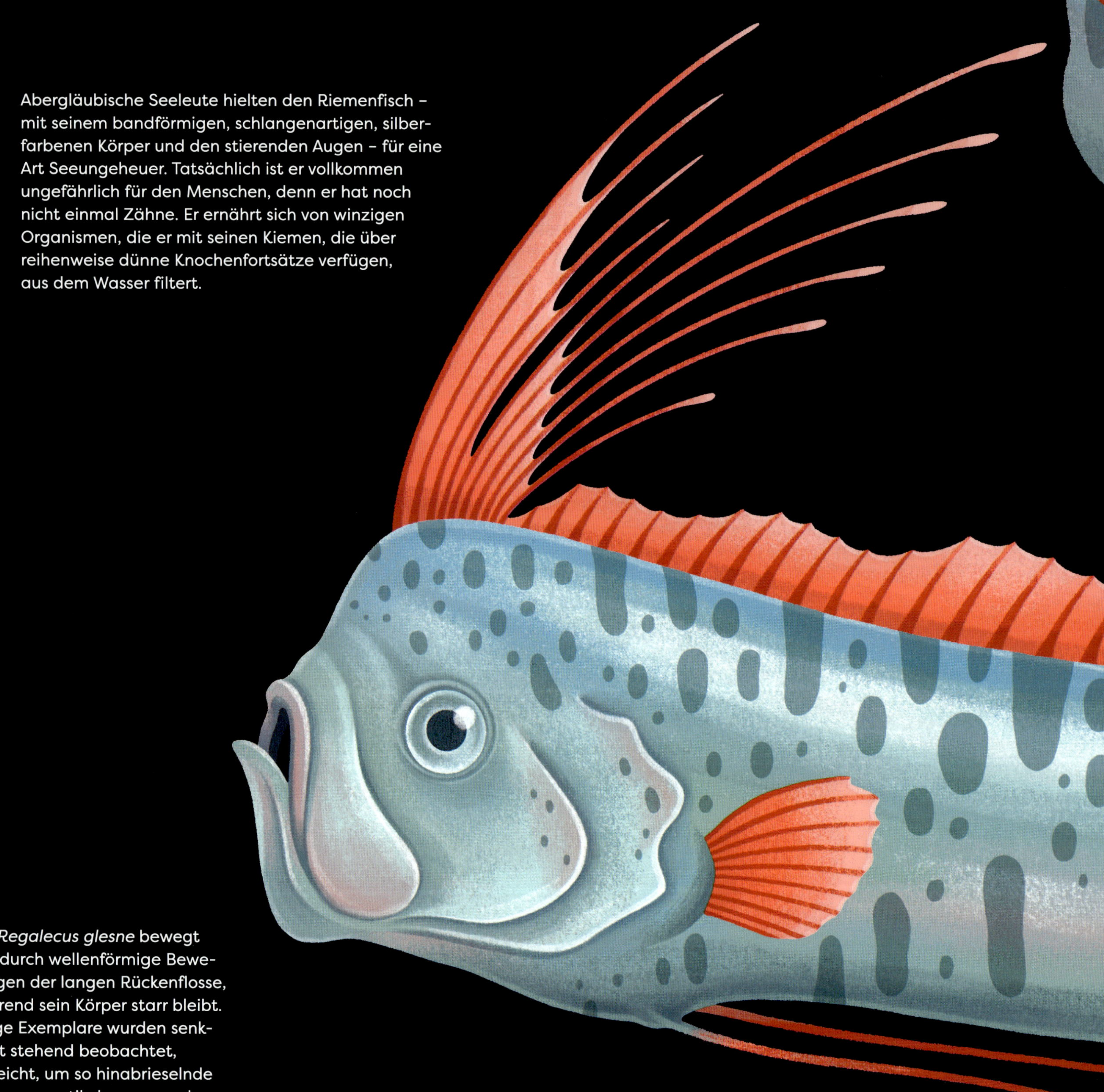

Der *Regalecus glesne* bewegt sich durch wellenförmige Bewegungen der langen Rückenflosse, während sein Körper starr bleibt. Einige Exemplare wurden senkrecht stehend beobachtet, vielleicht, um so hinabrieselnde Nahrungspartikel auszumachen.

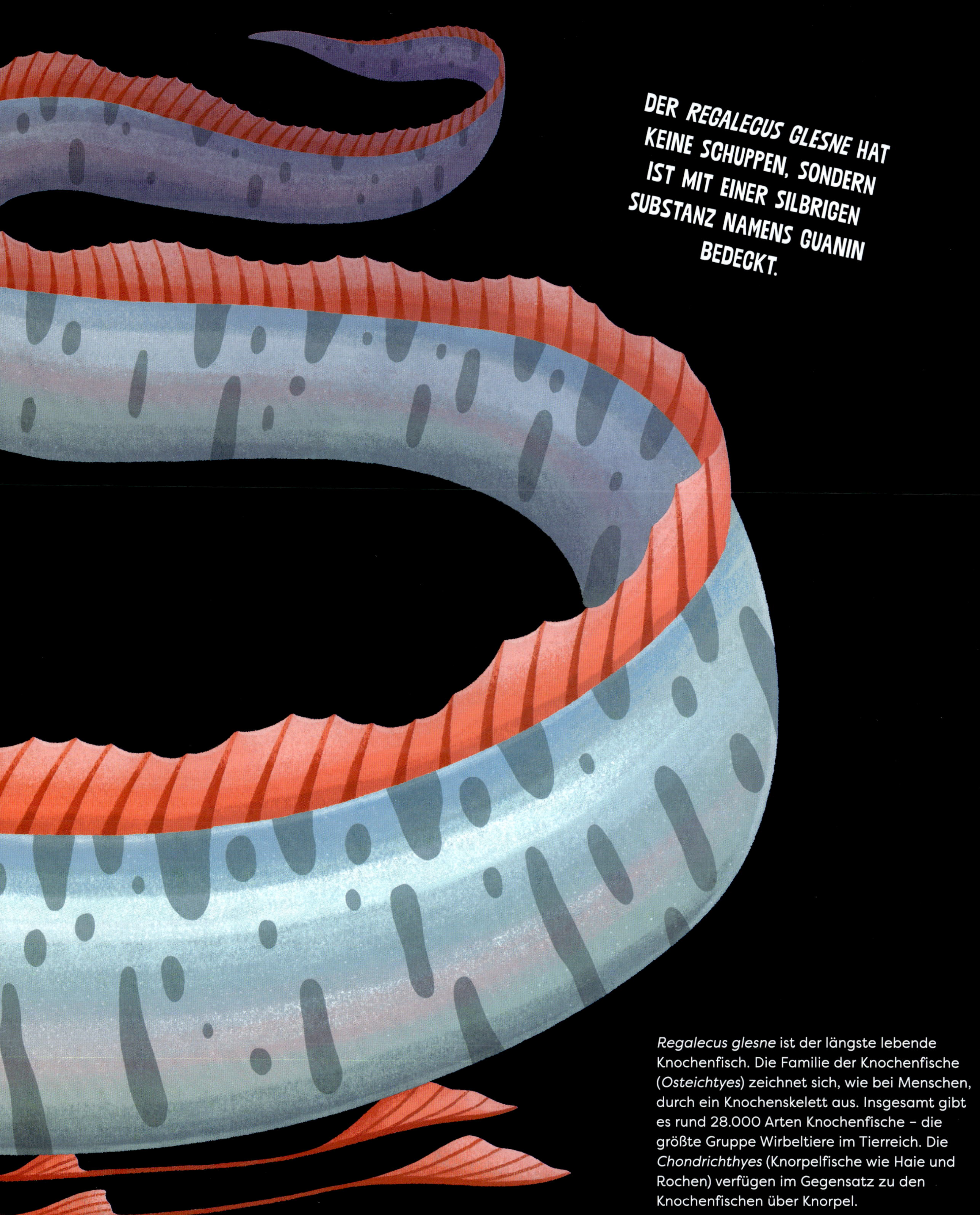

DER *REGALECUS GLESNE* HAT KEINE SCHUPPEN, SONDERN IST MIT EINER SILBRIGEN SUBSTANZ NAMENS GUANIN BEDECKT.

Regalecus glesne ist der längste lebende Knochenfisch. Die Familie der Knochenfische (*Osteichtyes*) zeichnet sich, wie bei Menschen, durch ein Knochenskelett aus. Insgesamt gibt es rund 28.000 Arten Knochenfische – die größte Gruppe Wirbeltiere im Tierreich. Die *Chondrichthyes* (Knorpelfische wie Haie und Rochen) verfügen im Gegensatz zu den Knochenfischen über Knorpel.

DIE MITTERNACHTS ZONE

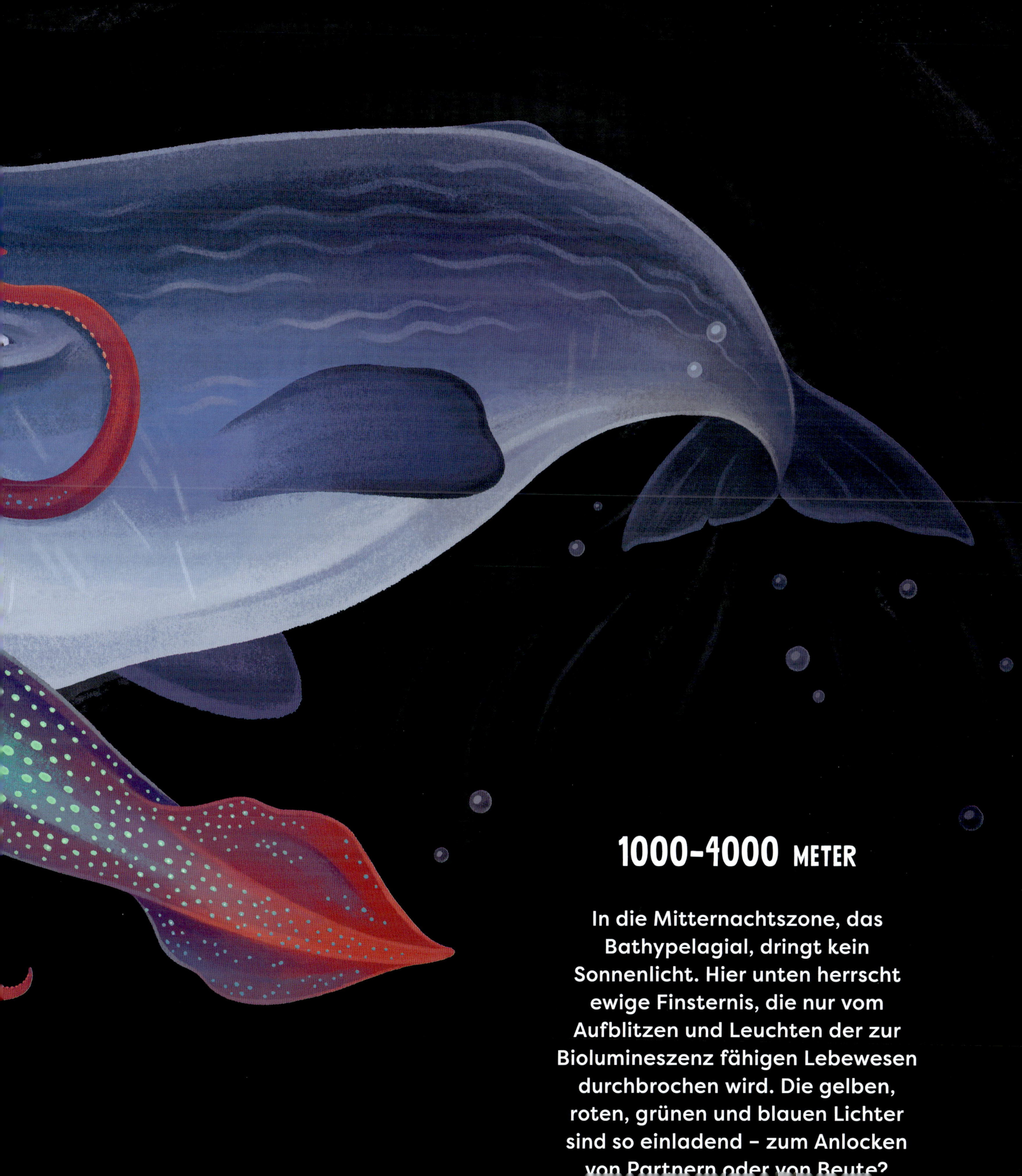

1000–4000 METER

In die Mitternachtszone, das Bathypelagial, dringt kein Sonnenlicht. Hier unten herrscht ewige Finsternis, die nur vom Aufblitzen und Leuchten der zur Biolumineszenz fähigen Lebewesen durchbrochen wird. Die gelben, roten, grünen und blauen Lichter sind so einladend – zum Anlocken von Partnern oder von Beute?

FÄCHERFLOSSER

Diese extrem seltenen und auch selten gesichteten Fächerflosser leben im Pazifik, Atlantik und Indischen Ozean, wo sie langsam in 1500 Metern Tiefe treiben und auf unvorsichtige Beutetiere warten, die ihrem riesigen Maul zu nahe kommen ... dann stürzen sie sich nach vorn und verschlingen sie am Stück.

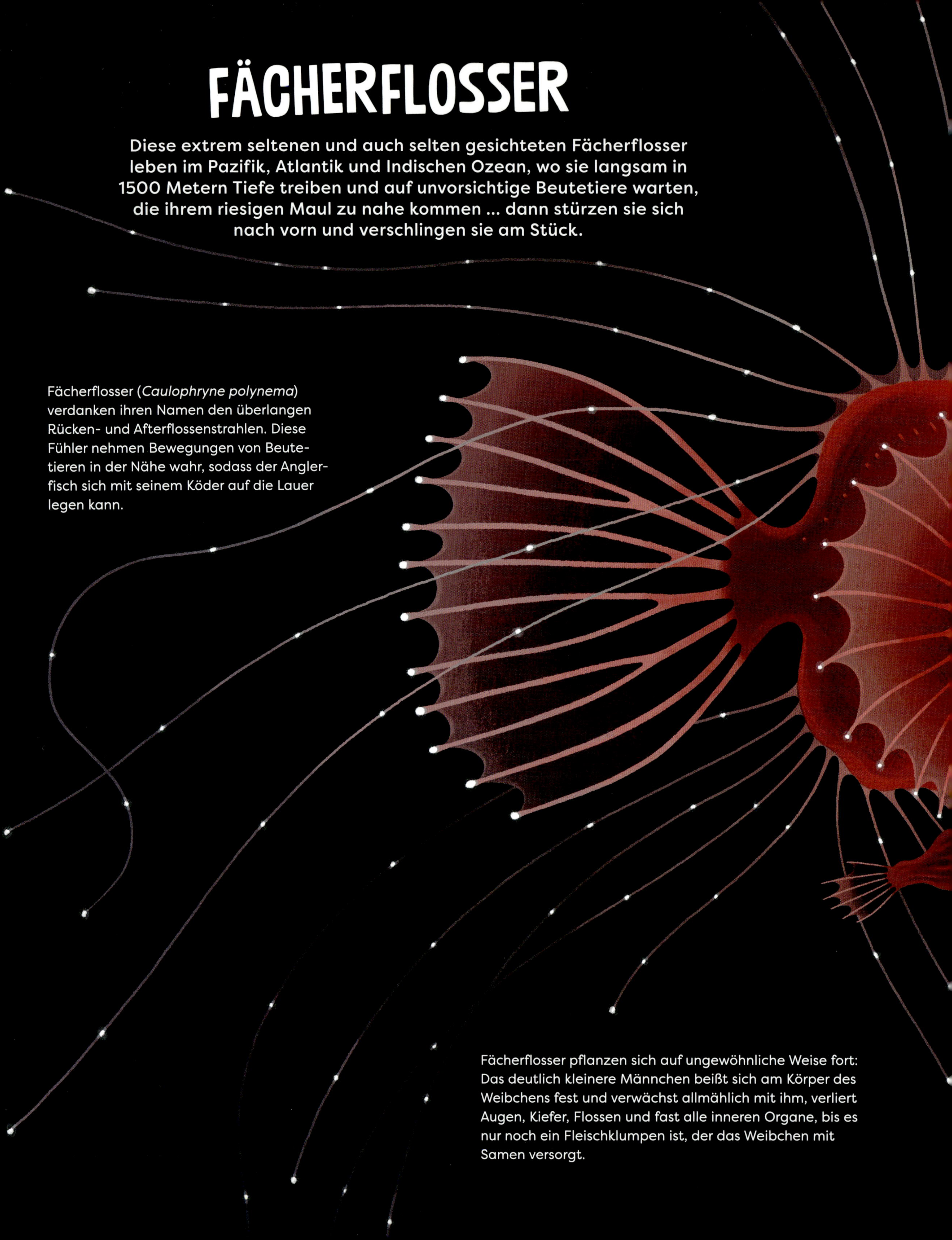

Fächerflosser (*Caulophryne polynema*) verdanken ihren Namen den überlangen Rücken- und Afterflossenstrahlen. Diese Fühler nehmen Bewegungen von Beutetieren in der Nähe wahr, sodass der Anglerfisch sich mit seinem Köder auf die Lauer legen kann.

Fächerflosser pflanzen sich auf ungewöhnliche Weise fort: Das deutlich kleinere Männchen beißt sich am Körper des Weibchens fest und verwächst allmählich mit ihm, verliert Augen, Kiefer, Flossen und fast alle inneren Organe, bis es nur noch ein Fleischklumpen ist, der das Weibchen mit Samen versorgt.

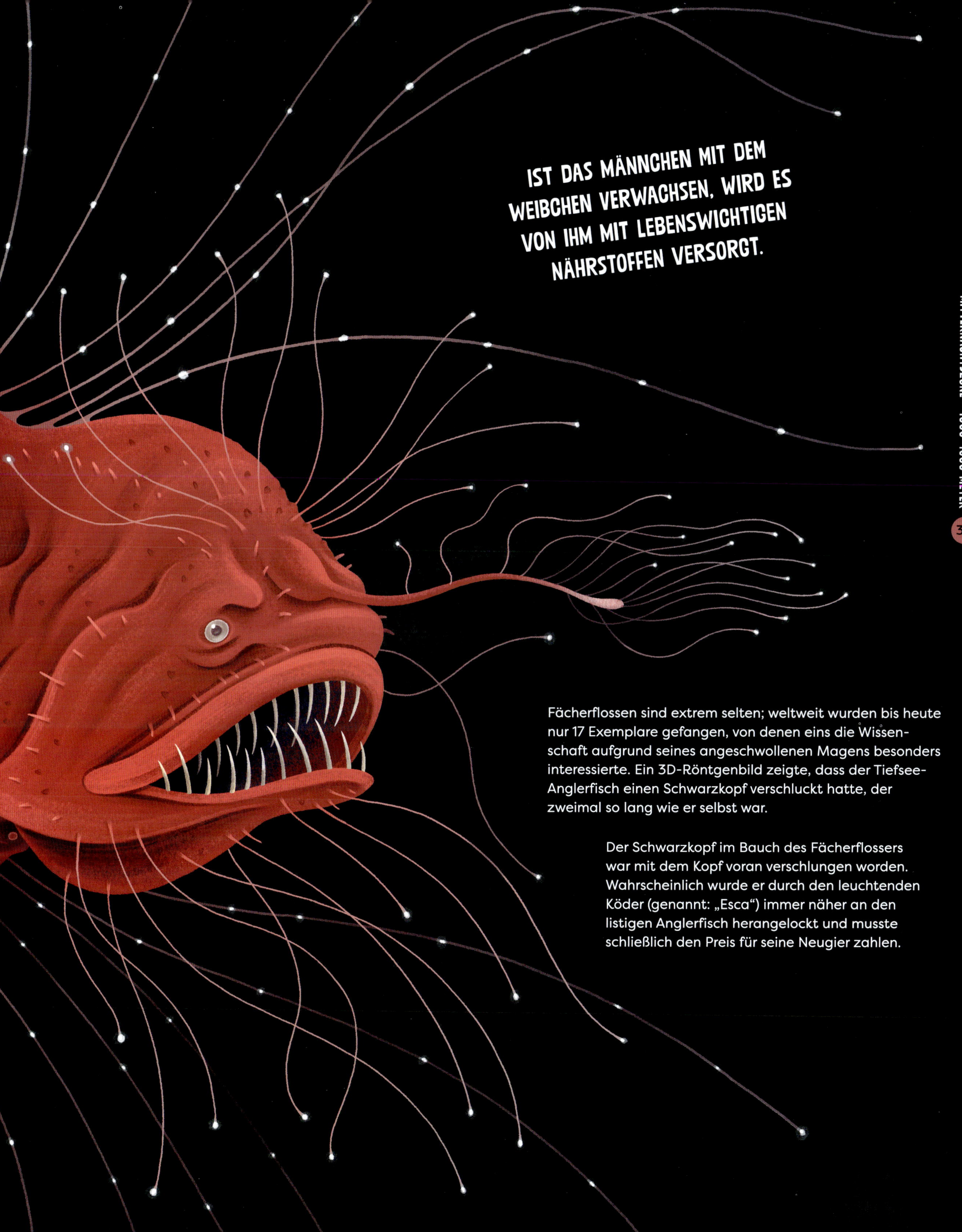

IST DAS MÄNNCHEN MIT DEM WEIBCHEN VERWACHSEN, WIRD ES VON IHM MIT LEBENSWICHTIGEN NÄHRSTOFFEN VERSORGT.

Fächerflossen sind extrem selten; weltweit wurden bis heute nur 17 Exemplare gefangen, von denen eins die Wissenschaft aufgrund seines angeschwollenen Magens besonders interessierte. Ein 3D-Röntgenbild zeigte, dass der Tiefsee-Anglerfisch einen Schwarzkopf verschluckt hatte, der zweimal so lang wie er selbst war.

Der Schwarzkopf im Bauch des Fächerflossers war mit dem Kopf voran verschlungen worden. Wahrscheinlich wurde er durch den leuchtenden Köder (genannt: „Esca“) immer näher an den listigen Anglerfisch herangelockt und musste schließlich den Preis für seine Neugier zahlen.

NASENHAI

Nasenhaie schnüffeln seit über 125 Millionen Jahren durch die Weltmeere. Es gab sie also schon, als Dinosaurier die Erde bevölkerten! Die 4 Meter langen Einzelgänger leben in der Dunkelheit der Mitternachtszone, des Bathypelagials, und werden mindestens 30 Jahre alt.

Die lange, flache Schnauze dient der Nahrungssuche und funktioniert in etwa wie ein Metalldetektor. Sinneszellen nehmen die kleinen Elektrofelder von Kopffüßern und Schalentieren wahr, von denen sich der Nasenhai ernährt.

Ihre langsame Fortbewegungsform gleichen diese Urzeittiere mit einer gnadenlosen Waffe zum Beutefang aus: Sie können ihre Kiefer blitzschnell herausstülpen. Unbemerkt schleichen sie sich an ihre Beute an, um dann die Kiefer bis zu 8 Zentimeter vorschnellen zu lassen und ihre Beute in einem Stück zu verschlingen.

DER NASENHAI KANN SEINEN KIEFER 116 GRAD WEIT ÖFFNEN! DAS IST MEHR ALS DOPPELT SO WEIT WIE WIR MENSCHEN.

Kleine Flossen, ein weicher Körper und schwache Muskeln sorgen dafür, dass der Nasenhai nur langsam schwimmen kann. Beim Jagen setzt er dafür auf List, Geduld und die rasch zuschnappenden Kiefer.

DIE HAUT DES NASENHAIS IST HALB DURCHSICHTIG UND ROSA-GRÄULICH GEFÄRBT.

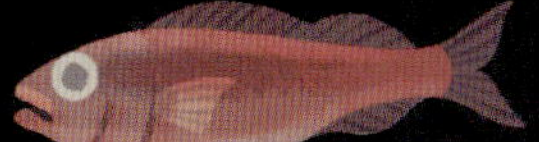

BLUTBAUCH-KAMMQUALLE

Kammquallen verfügen über acht „Kämme“ entlang ihres Körpers, bestehend aus winzigen kammartigen Plättchen („Geißelplättchen“), die als Ruder dienen. Die atemberaubenden regenbogenfarbigen Lichtreflexe dieser Quallen entstehen durch die Bewegung der Plättchen auf den Kämmen. Blutbauch-Kammquallen gehören aufgrund dieses Farbspektakels zu den schönsten Kreaturen der Tiefsee.

Der Name der Blutbauch-Kammqualle passt perfekt zu ihrem Aussehen – mit ihren 10 Zentimetern Länge gibt es diese Qualle in Rot, Violett oder auch Schwarz, aber ihr Bauch ist immer dunkelrot. Weil die Farbe Rot in der Tiefsee nahezu unsichtbar ist, können Fressfeinde die Qualle kaum erkennen. Zudem dringt so der Schein leuchtender Lebewesen, die die Qualle verspeist hat und die sie somit für Feinde sichtbar machen würden, nicht nach außen.

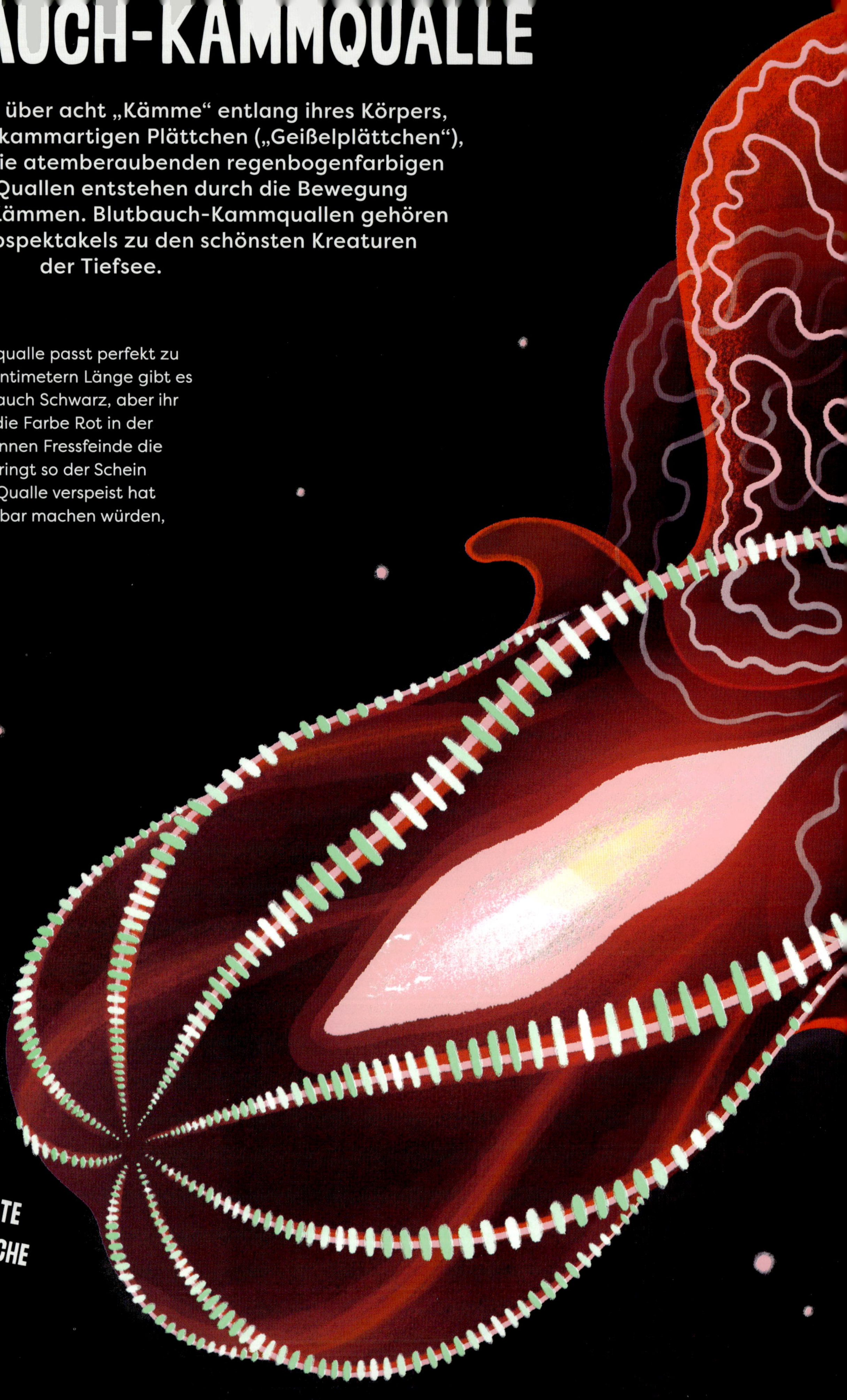

ES GIBT ETWA 150 BEKANNTE KAMMQUALLEN-ARTEN – MANCHE SO KLEIN WIE EINE ERBSE, ANDERE SO GROSS WIE EIN FAHRRAD.

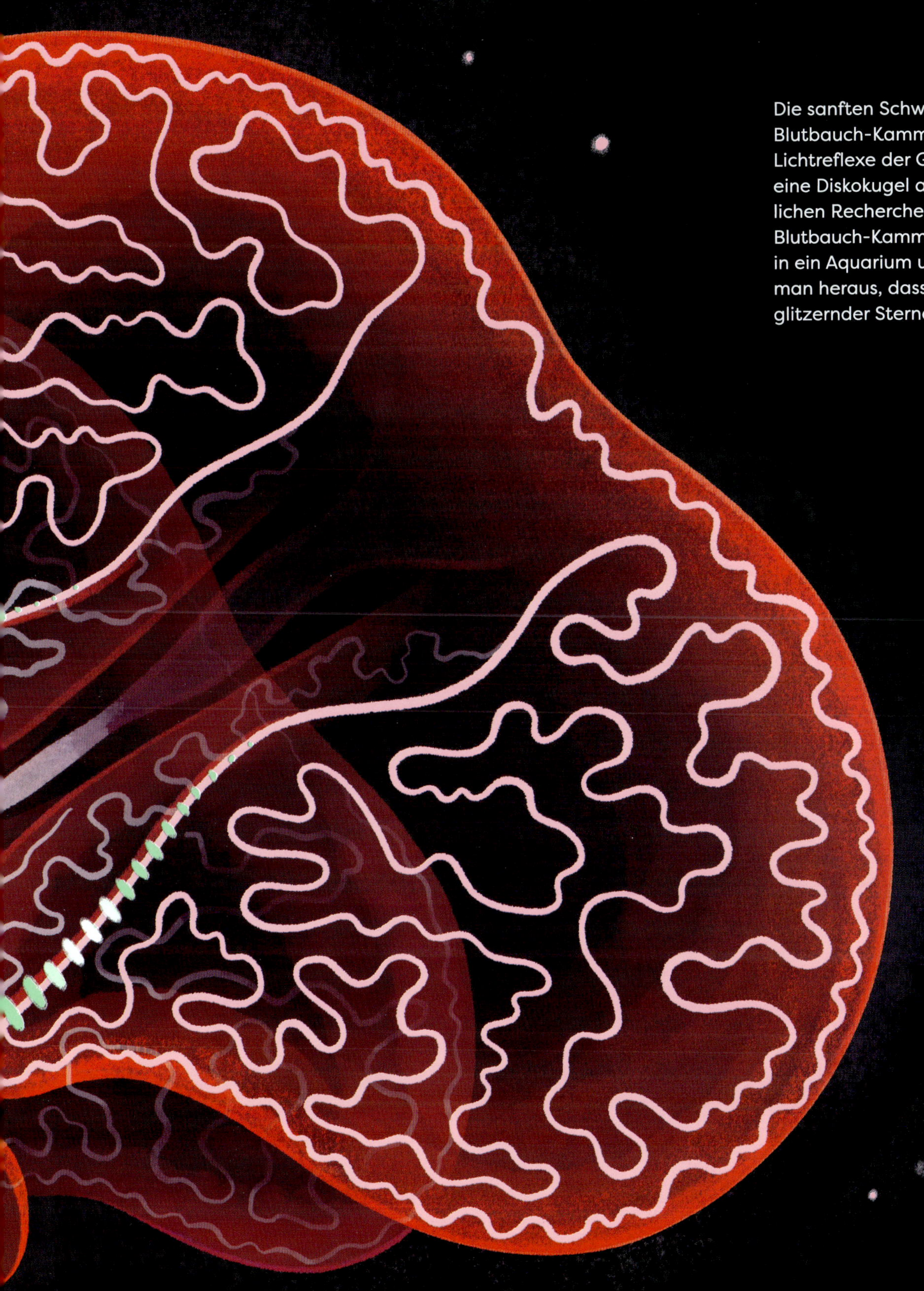

Die sanften Schwimmbewegungen der Blutbauch-Kammqualle und die bunten Lichtreflexe der Geißeln erinnern eher an eine Diskokugel als an ein Tier. Nach gründlichen Recherchen ist es gelungen, eine Blutbauch-Kammqualle zu Studienzwecken in ein Aquarium umzusiedeln. So fand man heraus, dass der Kot der Qualle wie glitzernder Sternenstaub aussieht.

AUCH WENN SIE IHNEN ZUM TEIL ÄHNELN, GELTEN KAMM- ODER RIPPENQUALLEN ZOOLOGISCH NICHT ALS ECHTE QUALLEN.

Viele Arten der Kammqualle verfügen über zwei Tentakel, mit denen sie Beute fangen. Anders als bei echten Quallen sondern diese jedoch kein Nesselgift aus, sondern packen ihre Beute mit Klebzellen, den sogenannten „Colloblasten“.

POTTWAL

Es gibt kaum einen spektakuläreren Anblick in der Natur: Der riesige graue Körper und die breite Schwanzflosse eines Pottwals tauchen aus den Wellen auf und er spritzt eine zischende Nebelfontäne aus dem Blasloch in die Luft. Auch wenn diese majestätischen Säugetiere sich zeitweise an der Oberfläche aufhalten, gehören sie doch zu den Tieftauchern und begeben sich über 2 Kilometer in die Tiefe, um Nahrung zu finden.

Im riesigen Kopf des Pottwals sind rund 2000 Liter *Spermaceti*. Im 19. und 20. Jahrhundert jagte man Pottwale besonders wegen dieser wachshaltigen Substanz, die man zur Herstellung von Kerzen und Salben nutzte. Der Pottwal starb beinahe aus. Heute ist er immer noch stark gefährdet.

Der Pottwal ist nicht nur eines der größten Tiere, sondern auch der größte Zahnwal und das größte Raubtier der Erde. Die Männchen – „Bullen" genannt – können bis zu 20 Meter lang werden (was einer Bowlingbahn entspricht), wobei ihr rechteckiger Kopf ein Drittel der Länge ausmacht.

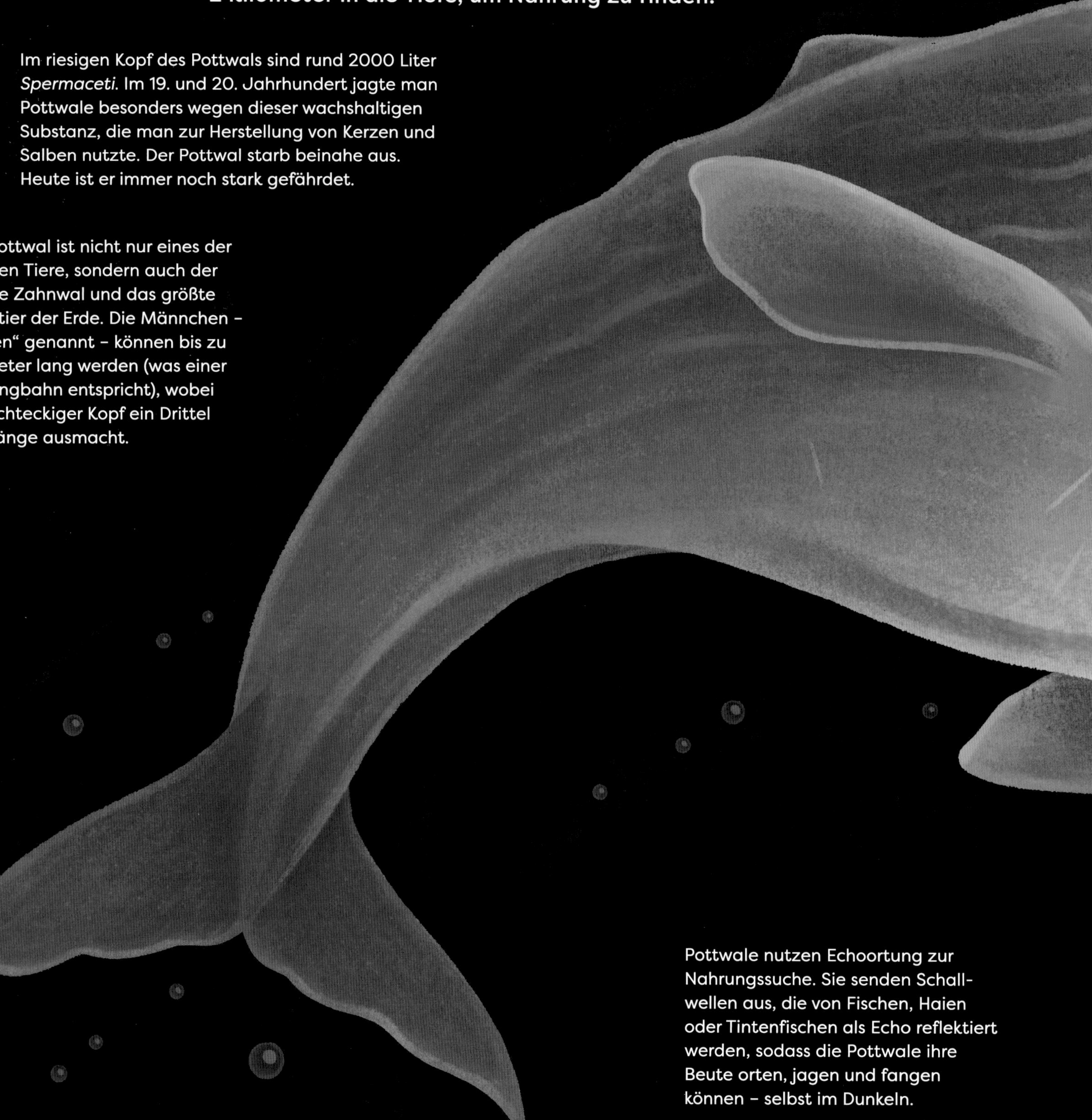

Pottwale nutzen Echoortung zur Nahrungssuche. Sie senden Schallwellen aus, die von Fischen, Haien oder Tintenfischen als Echo reflektiert werden, sodass die Pottwale ihre Beute orten, jagen und fangen können – selbst im Dunkeln.

Pottwale brauchen täglich etwa 1 Tonne Nahrung und Riesenkalmare zählen zu ihren Leibspeisen. Doch um diese zu fangen, muss der Pottwal tief in die Mitternachtszone, ins Bathypelagial, hinabtauchen. Obwohl niemand die Kämpfe zwischen diesen zwei Meeresgiganten je beobachten konnte, beweisen die unverdauten Kalmarschnäbel, die in den Mägen von Pottwalen gefunden wurden, sowie saugnapfförmige Narben auf ihrer Haut, dass diese stattfanden.

POTTWALE KÖNNEN NICHT KAUEN, WESHALB SIE IHRE BEUTETIERE MANCHMAL AM STÜCK VERSCHLINGEN.

Der Vormagen des Pottwals verfügt über starke Muskeln. Diese erdrücken die Beute und schützen das Walinnere vor den Attacken von Schnäbeln und Tentakeln der Tintenfische.

LASIOGNATHUS AMPHIRHAMPHUS

Hüte dich vor dem Licht, denn dahinter lauert der Tod. Dieser Tiefsee-Anglerfisch lockt seine Beute mithilfe eines Köders direkt vor sein Maul. Nähert sich ein neugieriger Fisch oder eine ahnungslose Garnele dem sonderbaren Licht in der ansonsten dunklen Tiefe des Ozeans, schnappt der Anglerfisch gnadenlos zu und verschlingt sein Opfer.

Wir wissen kaum etwas über Anglerfische, da es nur selten gelingt, sie zu filmen. Untersuchungen ihrer DNA ergaben, dass sie zum ersten Mal in der Kreidezeit vor rund 100 Millionen Jahren auftauchten.

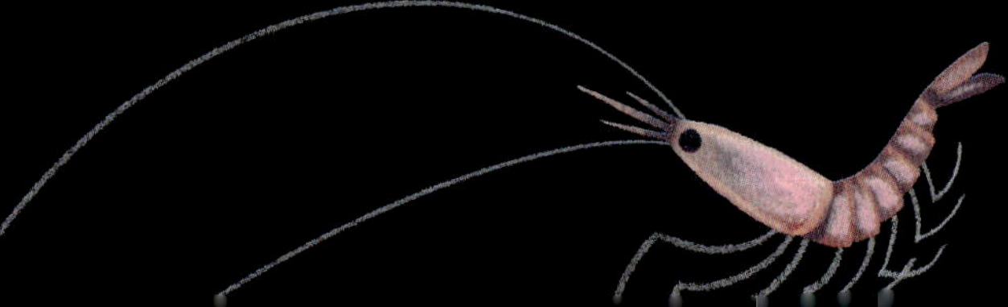

Es gibt etwa 300 uns bekannte Anglerfisch-Arten. Viele von ihnen leben in der Tiefsee, einige Arten jedoch auch in flachen, tropischen Gewässern. Letztere locken ihre Beute nicht mit Licht an, sondern mit Ködern, die wie Würmer oder Garnelen aussehen.

Der erste Rückenflossenstachel ist bei den Weibchen eine Angel („Illicium“) mit einem daran hängenden, leuchtenden Köder („Esca“). *Lasiognathus amphirhamphus* hat eine extrem lange Angel, mit der er seine Mahlzeiten fängt: alle Fischarten, Garnelen und andere Wirbellose.

LASIOGNATHUS AMPHIRHAMPHUS FÄNGT SEINE BEUTE, INDEM ER DEN GRÖSSEREN OBERKIEFER ÜBER DEN KLEINEREN UNTERKIEFER KLAPPT.

Auf den Augen dieser Haie sitzen häufig Ruderfußkrebse. Sie sorgen vermutlich dafür, dass der Hai irgendwann erblindet, was aber kein Problem ist, da er auf der Jagd sein Gehör und seinen Geruchssinn nutzt. Vielleicht lockt der luminiszente Krebs aber auch Beute an.

Die langen, schmalen Zähne im Oberkiefer halten die Beute fest, sobald der Grönlandhai sie gepackt hat. Die Zähne im Unterkiefer hingegen sind breiter, sägeartig und stehen schief – reibt er mit diesen Zähnen am unbeweglichen Oberkiefer, kann der Hai große Fleischstücke seiner Beute abbeißen.

Der Grönlandhai ist nicht wählerisch, sondern frisst das, was er im eiskalten Nordpolarmeer und Nordatlantik findet. Normalerweise ernährt er sich von Fischen, Aalen, kleineren Haiarten und sogar Robben – lebendig oder auch bereits verstorben. In den Mägen einiger Grönlandhaie fand man die Überreste von Pferden und Rentieren – wahrscheinlich waren sie ins Wasser gefallen und ertrunken, bevor der Hai sie verschlang.

GRÖNLANDHAIE RIECHEN STARK NACH URIN. IHRE KÖRPER ENTHALTEN VIEL UREA – NACH WASSER DER ZWEITE BESTANDTEIL VON URIN.

HALITREPHES MAASI

Diese Qualle, die wie ein Feuerwerk aussieht, schwebt mit ihrem kreisförmigen Körper und fadenartigen Tentakeln durch die Mitternachtszone. Wie die Kammqualle (Seite 36–37) zählt auch sie zu den sogenannten „passiven Räubern“: Statt aktiv auf die Jagd zu gehen, wartet sie darauf, dass ihre Beute sich in den Tentakeln verfängt und zieht sie dann in ihr Maul.

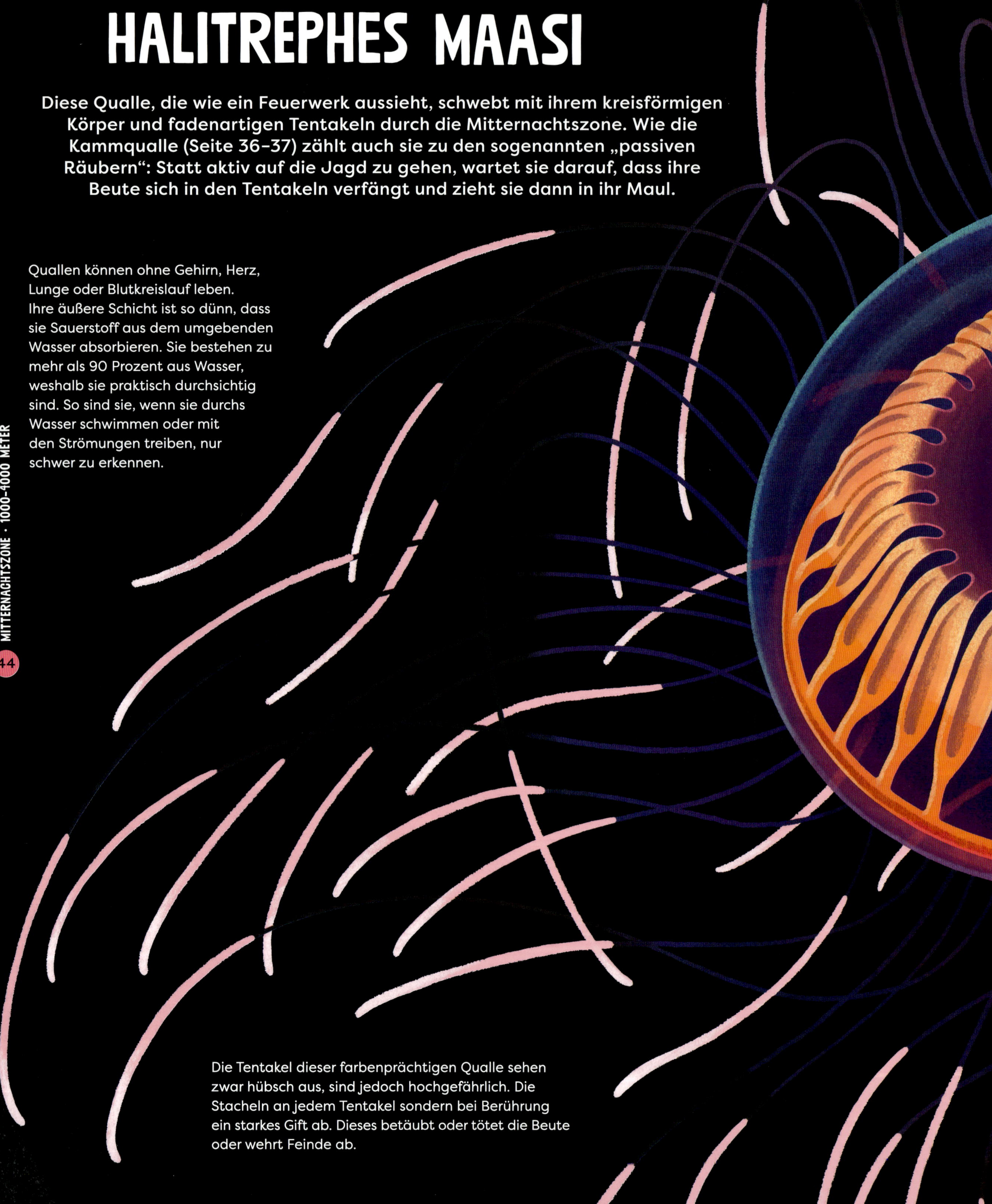

Quallen können ohne Gehirn, Herz, Lunge oder Blutkreislauf leben. Ihre äußere Schicht ist so dünn, dass sie Sauerstoff aus dem umgebenden Wasser absorbieren. Sie bestehen zu mehr als 90 Prozent aus Wasser, weshalb sie praktisch durchsichtig sind. So sind sie, wenn sie durchs Wasser schwimmen oder mit den Strömungen treiben, nur schwer zu erkennen.

Die Tentakel dieser farbenprächtigen Qualle sehen zwar hübsch aus, sind jedoch hochgefährlich. Die Stacheln an jedem Tentakel sondern bei Berührung ein starkes Gift ab. Dieses betäubt oder tötet die Beute oder wehrt Feinde ab.

Quallen haben eine einzige Körperöffnung, die mittig an der Unterseite ihrer Schwimmglocke liegt. Über diese wird die Nahrung aufgenommen und nach der Verdauung im Magen wieder ausgeschieden. Bei dieser Quallenart hat der Schirm einen Durchmesser von rund 10 Zentimetern.

DER MAGEN DER *HALITHREPHES MAASI* IST DURCHSICHTIG, SODASS MAN SEHEN KANN, WIE DIE NAHRUNG VERDAUT WIRD.

FANGZAHNFISCH

Der furchteinflößende Fangzahnfisch ist ein wendiger Schwimmer und jagt am liebsten in der Mitternachtszone, im Bathypelagial. Es ist jedoch bekannt, dass sich diese Raubfische sogar bis ins Abyssal hinunter wagen – damit gehören sie zu den am tiefsten lebenden Fischen in der Tierwelt.

Wie viele Tiefseefische, darunter Anglerfisch und Säbelzahnfisch, hat der Fangzahnfisch ein großes Maul mit extrem langen Zähnen. Wissenschaftlichen Schätzungen zufolge handelt es sich um die längsten Zähne bei einem Fisch (im Verhältnis zu seiner Körpergröße): Er kann noch nicht einmal sein Maul richtig schließen.

Mit seinen gebogenen Zähnen und den starrenden Augen sieht der Fangzahnfisch nicht nur wie ein phänomenaler Jäger aus, er ist auch einer. Anstatt wie Anglerfische auf der Lauer zu liegen, geht er aktiv auf Beutejagd. Dafür schwimmt er umher, spürt die Beute mithilfe seiner Sinne auf, jagt und schnappt sie sich, bevor sie entkommen kann.

DIE ZÄHNE BOHREN SICH ENTWEDER IN BEUTETIERE (WIE FISCHE, KREBSE UND TINTENFISCHE) ODER HALTEN SIE WIE GEFÄNGNISGITTER GEFANGEN, BIS SIE VERSCHLUCKT WERDEN.

Fangzahnfische werden etwa 18 Zentimeter lang. Im Gegensatz zu vielen anderen Tiefseeräubern können sie kein Licht erzeugen, um damit Beute anzulocken. Stattdessen nutzen sie eine Tarnkappentaktik: Ihre dunklen Körper passen perfekt in die lichtlose Umgebung des Bathypelagials, und mit ihrem ausgeprägten Geruchssinn spüren sie ihre Beute auf.

CIRROTEUTHIS-OKTOPUS

Dieser anmutige Oktopus ist so selten zu sehen, dass seine Art bisher wissenschaftlich noch nicht bestimmt werden konnte. Man nimmt aber an, dass er zur Familie der *Cirroteuthidae* (Kraken) gehört. Wir wissen, dass er etwa 2000 Meter tief, in aller Ruhe über den Meeresboden treibt und etwa 1,5 Meter lang wird.

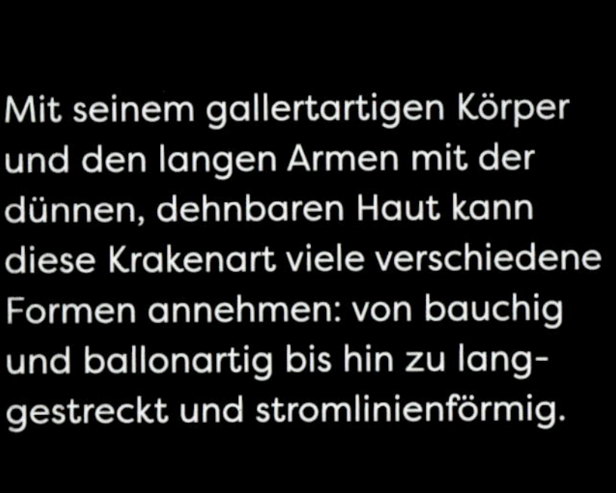

Mit seinem gallertartigen Körper und den langen Armen mit der dünnen, dehnbaren Haut kann diese Krakenart viele verschiedene Formen annehmen: von bauchig und ballonartig bis hin zu langgestreckt und stromlinienförmig.

Wenn der Oktopus die Schwimmhäute zwischen seinen Armen herunterzieht und sich zu seiner maximalen Größe aufbläht, sieht er wie ein aufgeblasenes Zirkuszelt aus. Vermutlich macht er sich so groß, um mögliche Angreifer abzuschrecken.

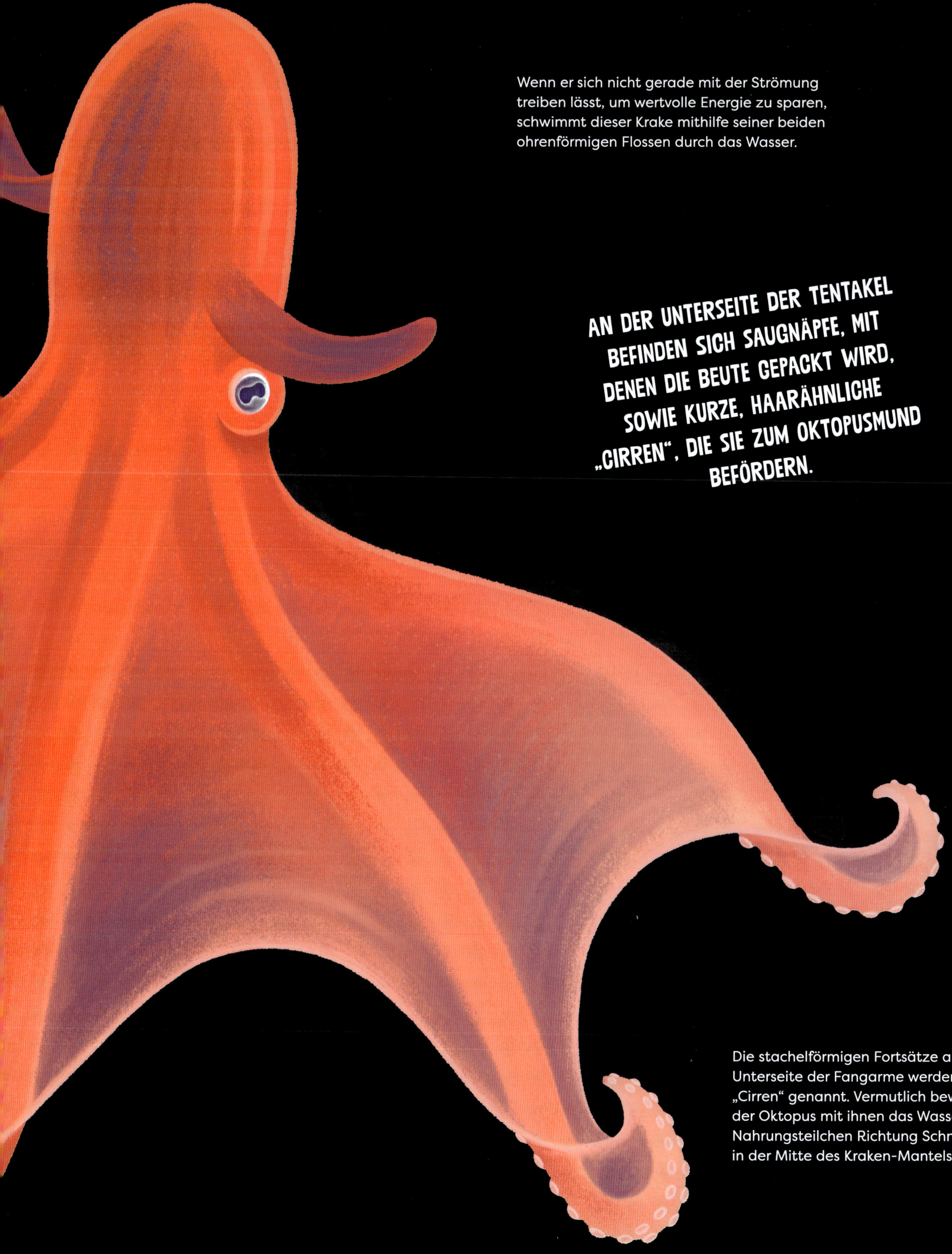

Wenn er sich nicht gerade mit der Strömung treiben lässt, um wertvolle Energie zu sparen, schwimmt dieser Krake mithilfe seiner beiden ohrenförmigen Flossen durch das Wasser.

AN DER UNTERSEITE DER TENTAKEL BEFINDEN SICH SAUGNÄPFE, MIT DENEN DIE BEUTE GEPACKT WIRD, SOWIE KURZE, HAARÄHNLICHE „CIRREN", DIE SIE ZUM OKTOPUSMUND BEFÖRDERN.

Die stachelförmigen Fortsätze an der Unterseite der Fangarme werden „Cirren" genannt. Vermutlich bewegt der Oktopus mit ihnen das Wasser mit Nahrungsteilchen Richtung Schnabel in der Mitte des Kraken-Mantels.

WALKOPF

Walköpfe sind geheimnisvolle Geschöpfe. Man sieht sie kaum, und wir wissen noch nicht viel über sie. Walkopfweibchen steigen nachts gerne in die Zwielichtzone auf und fressen alles, was ihnen vors Maul kommt, um dann bei Sonnenaufgang in ihr düsteres Zuhause in der Mitternachtszone abzutauchen. Die Fressgewohnheiten der männlichen Walköpfe sind jedoch viel eigenartiger ...

Das Auffälligste am Walkopfweibchen ist die schöne rötliche Färbung. Viele Tiefseebewohner sind ebenfalls rot – und das aus gutem Grund: Es macht sie praktisch unsichtbar. Denn in der Tiefe gibt es kein rotes Licht, deshalb wirken rote Lebewesen komplett schwarz und können sich ungesehen ihrer Beute nähern, ohne von Fressfeinden entdeckt zu werden.

WALKOPFWEIBCHEN HABEN UNGLAUBLICH DEHNBARE MÄGEN UND GROSSE MÄULER

Ausgewachsene Walkopfmännchen unterscheiden sich so extrem von den Weibchen, dass man sie bis 2003 für eine völlig andere Art hielt. Walkopfmännchen ernähren sich sehr ungewöhnlich: Wenn sie erwachsen werden, verwächst ihr Maul, so dass sie es nicht mehr öffnen können. Ihr Magen bildet sich zurück, und statt aus dem Fressen von Beute gewinnen sie die nötige Energie aus der eigenen, riesigen Leber. Diese hat sich durch die zahlreichen Krebstiere herausgebildet, die sie in ihrer Jugend gefressen haben.

Auch die Walkopfjungen hielt man für eine andere Art als die erwachsenen Tiere. Diese winzigen Kreaturen leben in flachen Gewässern und fressen mit ihren senkrechten Mäulern so viele Krustentiere, wie sie finden können. Sobald sie ausgewachsen sind, tauchen sie ab, um in der Mitternachtszone zu leben.

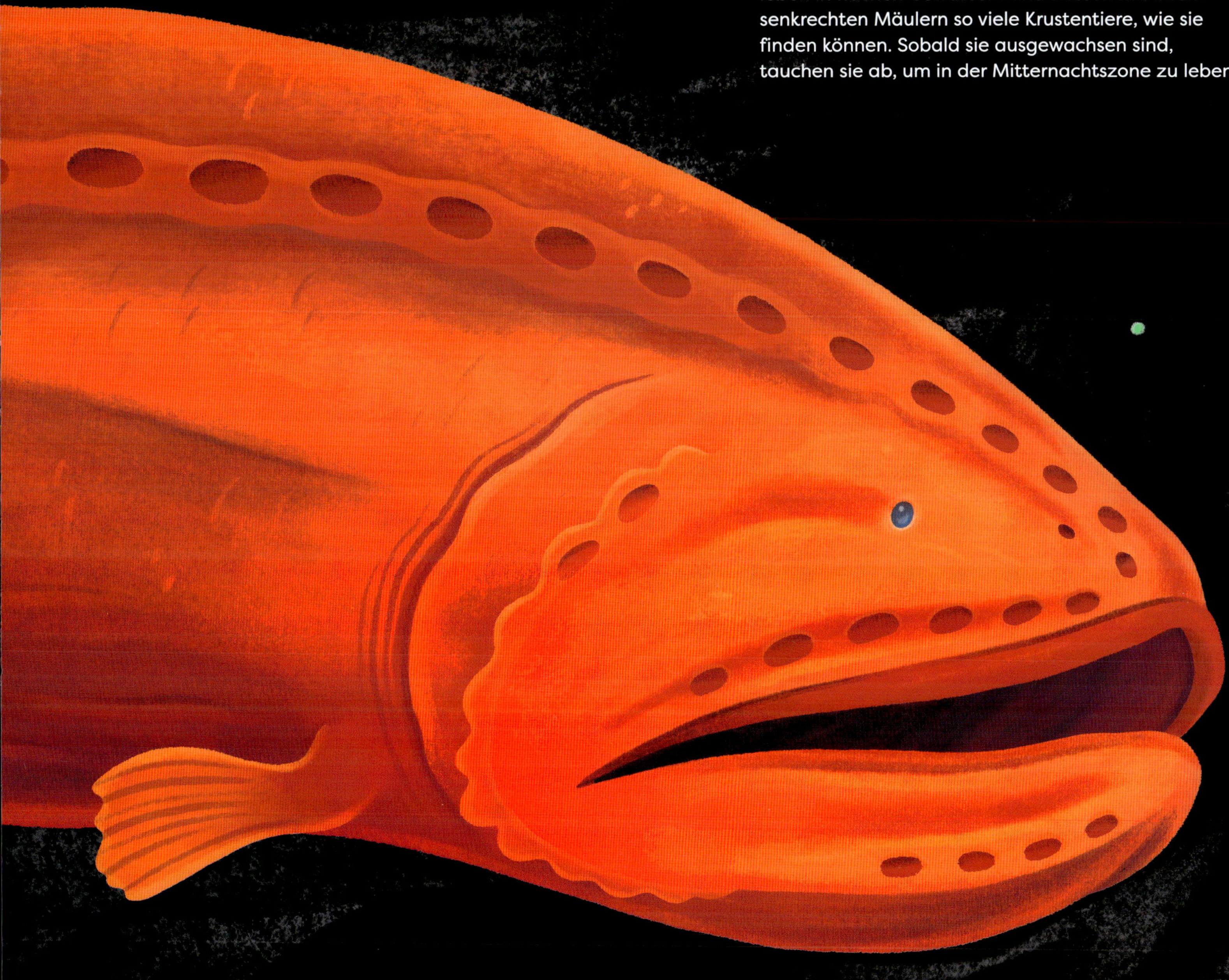

Die Augen der Walkopfweibchen haben keine Linsen, weshalb sie nicht sehr gut funktionieren. Das macht aber nichts, denn Walköpfe haben viele große sensorische Löcher, sogenannte „Seitenlinienporen“, die sich über den gesamten Körper erstrecken. Diese Poren nehmen Schwingungen von Tieren in der Nähe auf, so dass Walköpfe hierdurch Fressfeinde und Beutetiere orten können.

KRAGENHAI

Kragenhaie gibt es schon seit etwa 80 Millionen Jahren, aber noch immer ist vieles über diese seltenen Kreaturen nicht bekannt. Sie kommen hauptsächlich im Atlantik und Pazifik in Tiefen von bis zu 1500 Metern vor. Ihre raue Haut ist grau oder braun, und die größten Exemplare werden bis zu 2 Meter lang, genau wie ein männlicher Löwe.

DIE VIELEN REIHEN GEZACKTER, NACH HINTEN GEBOGENER ZÄHNE DES KRAGENHAIS EIGNEN SICH BESTENS ZUM SCHNAPPEN VON WEICHEM TINTENFISCH.

Kragenhaie beißen recht kraftlos zu, können ihren Kiefer aber extrem weit öffnen, und so auch große Beutetiere verschlucken. Sie fressen viele verschiedene Meerestiere: Fische, kleinere Haiarten und Meeresschnecken.

Der Kragenhai verdankt seinen Namen dem Aussehen seiner sechs Kiemen. Fische nehmen mit ihren Kiemen Sauerstoff direkt aus dem Wasser auf. Dazu saugen sie Wasser in ihr Maul und lassen es über die Oberfläche ihrer Kiemen fließen. Der Sauerstoff wird von winzigen Blutgefäßen, den „Kapillaren", aufgenommen und durch den Körper des Fisches geleitet.

Hinter dem flachen, breiten Kopf windet sich ein langer, flexibler, schlangenartiger Körper. Der Kragenhai ist kein ausgesprochen guter Schwimmer. Auf der Jagd schlängelt er sich wie ein Aal durchs Wasser.

PHANTOMQUALLE

Stygiomedusa gigantea – besser bekannt als Phantomqualle – ist eine der größten Quallen überhaupt. Selbst im Vergleich zu anderen ungewöhnlichen Tiefseebewohnern sticht sie heraus. Von bizarrer Schönheit und in schauriger Anmut schwebt sie durch das Meer wie ein Hut und ein Schal, die vom Wind fortgetragen werden. Da sie vor allem in der Mitternachtszone anzutreffen ist, gibt es vieles, was wir über diesen geisterhaften Meeresriesen nicht wissen.

Anders als die meisten Quallenarten hat die Phantomqualle keine stechenden Tentakel, mit denen sie ihre Beute betäubt. Stattdessen zieht sie vier wellenförmige Fangarme hinter sich her, mit denen sie kleine Fische und Plankton einfängt und zum Mund an der Unterseite ihres Schirms hinaufzieht. Diese Arme können bis zu 10 Meter lang werden.

In dem fast 1 Meter breiten, hutförmigen Schirm befinden sich die inneren Organe der Phantomqualle, darunter der Magen und mehrere „Brutkammern“, in denen sich ihre Jungen entwickeln. Mit sanften Schirm-Bewegungen gleitet sie langsam durch das Wasser.

Obwohl sie groß sind und in allen Ozeanen (außer dem Arktischen) leben, sind Phantomquallen für die Forschung nach wie vor schwer zu orten. Seit ihrer Entdeckung 1899 wurden sie nur 110-mal beobachtet; das ist im Durchschnitt weniger als 1-mal pro Jahr.

Mit ihrem platten Körper, dem kleinen Mäulchen und den großen schwarzen Augen wirkt die Seefledermaus recht freundlich. In Wirklichkeit ist sie jedoch eine ausgezeichnete Jägerin und gehört zur Familie der sehr viel furchteinflößender aussehenden Anglerfische (Seite 32–33, 40–41). Wie diese haben sich auch die meisten Seefledermaus-Arten an das Leben in der Mitternachtszone angepasst.

Seefledermäuse sind eher langsame und unbeholfene Schwimmer. Anstatt also mit ungelenkem Schwimmen Kraft zu vergeuden, bewegen sie sich lieber mit ihren kräftigen, dickhäutigen Brust- und Beckenflossen über den Meeresgrund, als wären es Beine.
Die meiste Zeit liegen sie allerdings flach und bewegungslos auf dem Meeresboden, passen sich ihrer Umgebung an und warten geduldig auf die nächste leckere Mahlzeit.

Wie alle Anglerfische lockt auch die Seefledermaus ihre Beute an. Der Köder befindet sich in einer Vertiefung in der Schnauze, direkt über dem Maul. Nähert sich eine kleine Garnele, eine Seeschnecke oder ein Fisch, fährt sie den Köder aus und wedelt mit dessen kugelförmigen Ende. Ist das Opfer dann nahe genug, schnappt sie zu. Anders als bei Anglerfischen leuchtet der Köder der Seefledermaus nicht.

Die meisten Seefledermaus-Arten haben flache, runde Körper und breite Köpfe (so ähnlich wie Rochen), sind mit harten Höckern oder Stacheln bedeckt und haben kurze Schwänze. Sie werden bis zu 40 Zentimeter lang.

ALARMQUALLE

Eines der größten Probleme für Tiefseebewohner ist der Druck. Je tiefer sie abtauchen, desto größer wird das Gewicht des Wassers, das von oben auf ihnen lastet. Und genau wie bei U-Booten gibt es für jedes Lebewesen eine maximale Tiefe, bis zu der es dem Druck standhalten kann. Harte Substanzen wie Knochen brechen. Schädel implodieren. Die Lunge kollabiert. Alarmquallen bestehen fast vollständig aus Wasser, deshalb überleben sie den Druck.

Die Alarmqualle verfügt über eine besondere Verteidigungstechnik. Fühlt sie sich bedroht, stößt sie hellblaue, biolumineszente Blitze aus. Man nimmt an, dass sie dadurch größere Raubtiere anlockt, die dann wiederum den Angreifern gefährlich werden. Daher heißt sie auch Alarmqualle.

Die Alarmqualle zählt zu den Kronenquallen und ist in allen Ozeanen der Welt heimisch. An ihrem glockenförmigen Körper sitzen etwa 20 Tentakel – darunter ein besonders langer –, mit denen sie kleine Schalentiere und Meeresschnee (die winzigen Nahrungs- und Nährstoffteilchen, die von den oberen Schichten des Meeres herabschweben) aufnehmen.

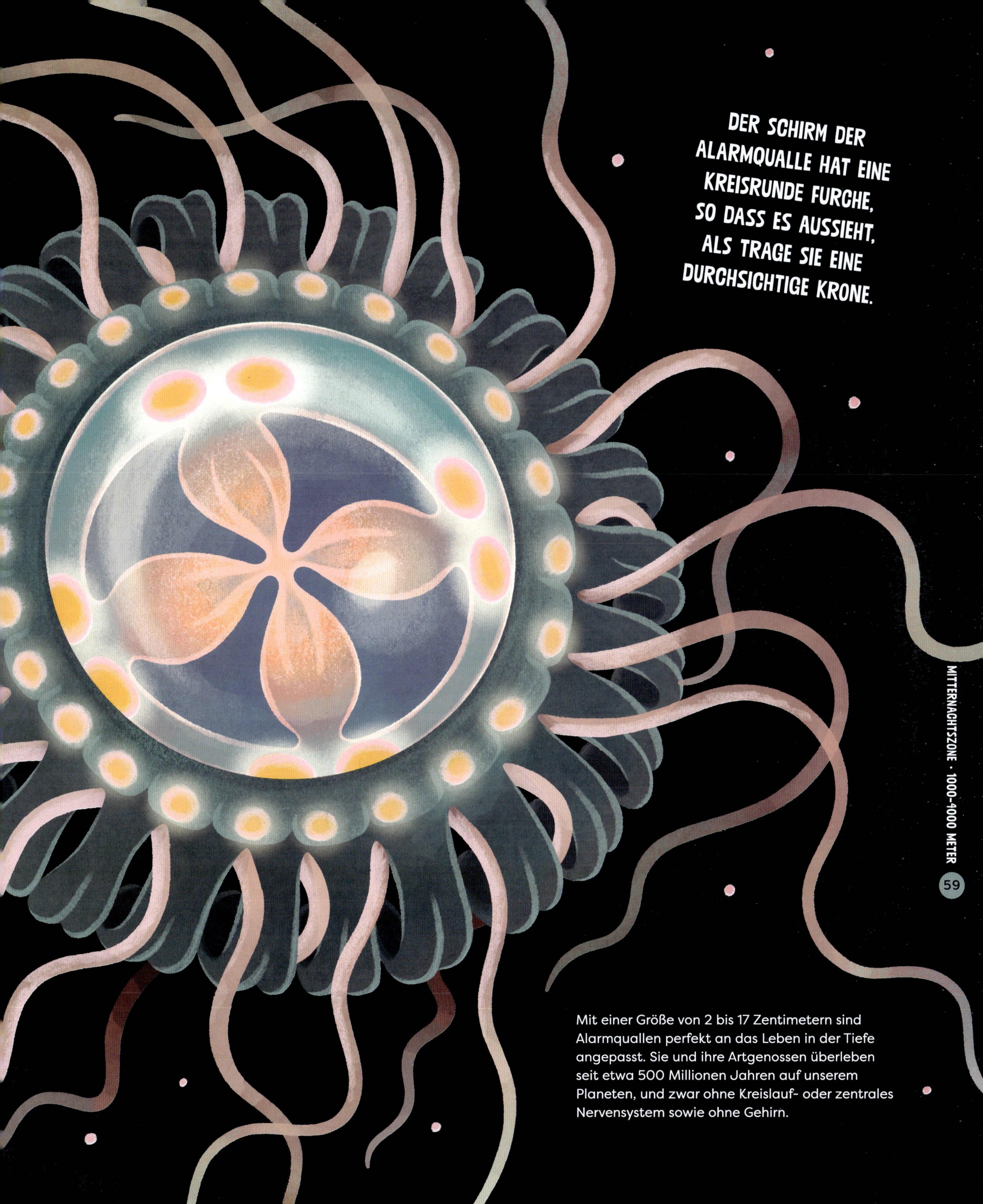

DER SCHIRM DER ALARMQUALLE HAT EINE KREISRUNDE FURCHE, SO DASS ES AUSSIEHT, ALS TRAGE SIE EINE DURCHSICHTIGE KRONE.

Mit einer Größe von 2 bis 17 Zentimetern sind Alarmquallen perfekt an das Leben in der Tiefe angepasst. Sie und ihre Artgenossen überleben seit etwa 500 Millionen Jahren auf unserem Planeten, und zwar ohne Kreislauf- oder zentrales Nervensystem sowie ohne Gehirn.

RIESENMAULHAI

Wenn du auf 1000 bis 4000 Meter hinabtauchst, könntest du einem dieser Riesen begegnen, der aus der Dunkelheit auftaucht. Der nach seinem gewaltigen Maul benannte Hai wird bis zu 5,5 Meter lang – also etwa so lang wie ein kleiner Schiffscontainer! Auch wenn er ganz schön gefährlich aussieht, ist er eigentlich ein sanftes Wesen, das dir nichts zuleide tun würde.

Wir wissen nicht viel über den Riesenmaulhai. Der erst 1976 entdeckte Gigant mit den gummiartigen Lippen durchquert nur langsam die Weltmeere und ernährt sich von Plankton. Sein weicher Körper mit den schlaffen Muskeln lässt darauf schließen, dass er kein besonders eifriger Schwimmer ist.

Seit über 400 Millionen Jahren tummeln sich Haie in den Ozeanen. Derzeit gibt es rund 450 verschiedene Arten, vom 18 Meter langen, Plankton fressenden Walhai über den blitzschnellen, mittelgroßen Makohai bis hin zum Zwerg-Laternenhai, der in eine Hand passt. Die meisten Haie sind leistungsstarke Schwimmer, die sich in der Sonnenlichtzone aufhalten. Aber manche Arten, wie der Riesenmaulhai, sind langsamer und bevorzugen die Tiefsee.

MAN VERMUTET, DASS DIE OBERLIPPE DES RIESENMAULHAIS DAS LICHT SEINER BIOLUMINESZIERENDEN BEUTE REFLEKTIERT UND SIE SO ZU SEINEM AUFGERISSENEN MAUL LOCKT.

Die meisten Haiarten sind aktive Jäger. Mithilfe ihrer scharfen Sinne orten sie ihre Beute, jagen ihr dann hinterher und packen sie mit ihren scharfen, nach hinten gerichteten Zahnreihen. Der Riesenmaulhai ernährt sich jedoch anders, denn er schwimmt mit offenem Maul durch das Meer, nimmt dabei Plankton auf und verschluckt es. So ähnlich fressen auch viele Wale.

RIESENKALMAR

Kaum ein anderes Meerestier hat die menschliche Fantasie so sehr in seinen Bann gezogen wie der Riesenkalmar. Seit Jahrhunderten erzählt man sich Geschichten von riesigen Ungeheuern mit starrenden Augen, die aus dem Meer auftauchen, um Schiffe mitsamt ihrer unglückseligen Besatzung in die Tiefe zu ziehen. In Wirklichkeit sind sie aber kaum eine Gefahr für den Menschen.

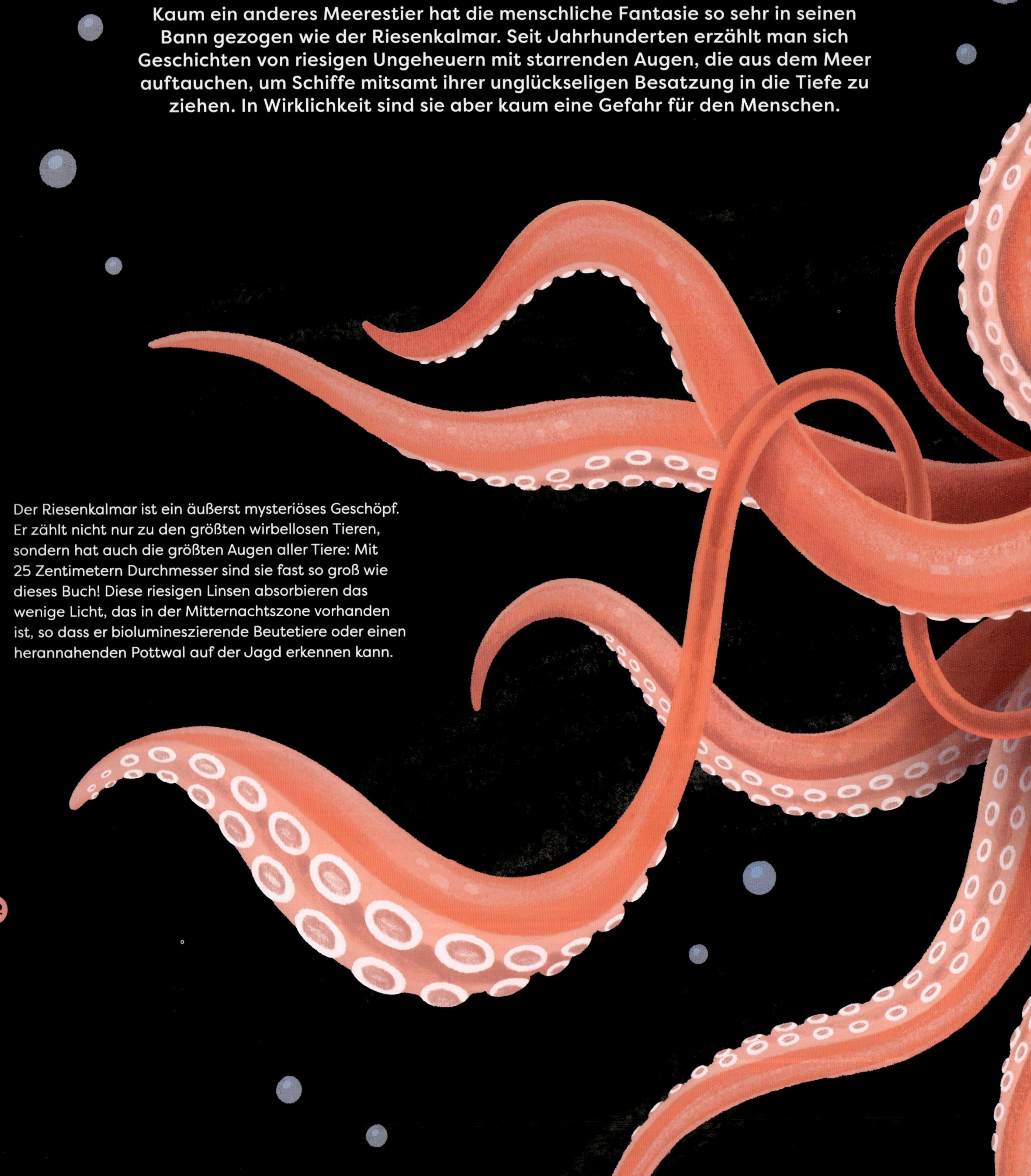

Der Riesenkalmar ist ein äußerst mysteriöses Geschöpf. Er zählt nicht nur zu den größten wirbellosen Tieren, sondern hat auch die größten Augen aller Tiere: Mit 25 Zentimetern Durchmesser sind sie fast so groß wie dieses Buch! Diese riesigen Linsen absorbieren das wenige Licht, das in der Mitternachtszone vorhanden ist, so dass er biolumineszierende Beutetiere oder einen herannahenden Pottwal auf der Jagd erkennen kann.

Sobald er einen Fisch, Tintenfisch oder eine Qualle erspäht, packt der Riesenkalmar sie blitzschnell mit seinen Saugnapf-Tentakeln. Dann führt er die Beute zu seinem scharfen Schnabel und beißt damit Stücke ab. Mit seinem zungenartigen Organ „Radula“ werden die Stücke zerkleinert, ehe sie verschlungen werden.

Um im Meer voranzukommen, presst der Riesenkalmar Wasser durch eine Öffnung aus seiner Mantelhöhle. Außerdem kann er Tintenwolken ausstoßen, um Fressfeinde zu täuschen oder abzuschrecken.

SEIN GEHIRN HAT DIE FORM EINES DONUTS, UND DIE NAHRUNG WIRD DURCH DAS LOCH IN DER MITTE AUFGENOMMEN.

STAATSQUALLE

Ähnlich wie Drachen am Himmel, die lange Schwänze hinter sich herziehen, wandern Staatsquallen durch alle Weltmeere. Sie sind so lang, verschlungen und äußerst filigran, dass sie wie Einzeltiere aussehen. Doch in Wirklichkeit handelt es sich um Kolonien, die aus vielen einzelnen Strukturen bestehen, den „Zooiden", die alle zusammenarbeiten, um in der Tiefe zu überleben.

Staatsquallen setzen bei der Jagd ihre Tentakel ein, ähnlich wie die eng mit ihnen verwandten, einzeln lebenden Quallen. Die meisten Arten schweben sanft durchs Wasser, lassen ihre Tentakel hin- und hertreiben und warten darauf, dass sie auf Beute wie Plankton, kleine Fische oder Krebse stoßen. Dann sticht die Staatsqualle ihre Fanghaken in die Beute und injiziert ihr ein tödliches Gift. Die Nahrung aus jedem Beutefang teilt sich die gesamte Kolonie.

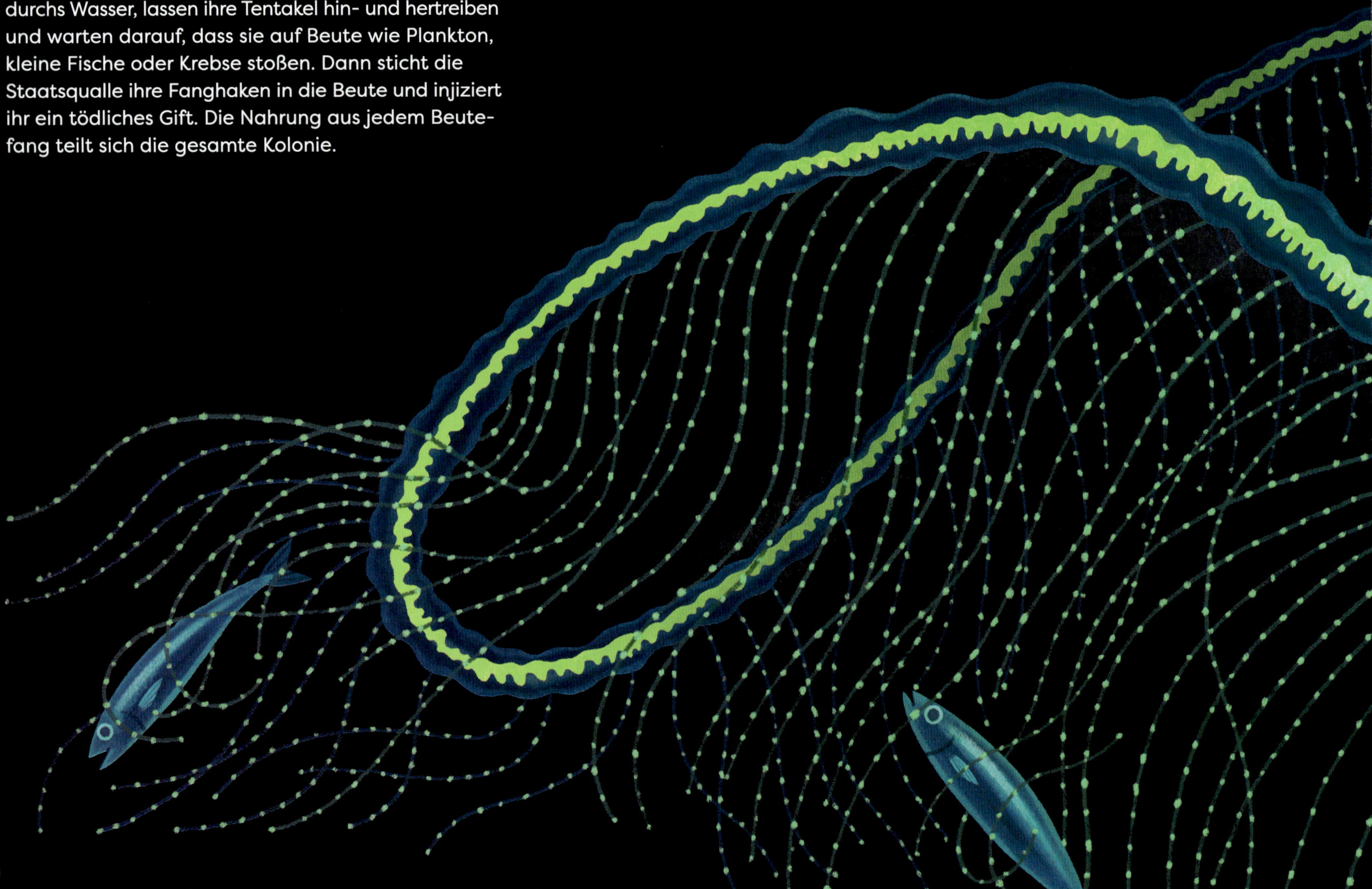

Staatsquallen gehen aus einem einzigen Zooid hervor, nachdem sich dieses aus einem Ei entwickelt hat. Aus dem ersten Zooid bilden sich weitere, bis lange Ketten entstehen, die durch einen Stiel verbunden sind. Es gibt verschiedene Arten von Zooiden, jede mit einer anderen lebenswichtigen Funktion: Die vorderen sorgen für Bewegung und Orientierung im Wasser; die weiter hinten fangen und töten Beute; wieder andere steuern die Fortpflanzung. Damit eine Staatsqualle überleben kann, müssen alle Zooiden zusammenwirken.

Eine Staatsqualle, die 2020 vor der australischen Küste gesichtet wurde, hält womöglich den Rekord für das längste bekannte Lebewesen der Welt. Das als riesige Spirale umherziehende Tier wurde mit ihren tödlichen Tentakeln auf eine Länge von etwa 45 Metern geschätzt – das ist fast doppelt so lang wie ein Blauwal.

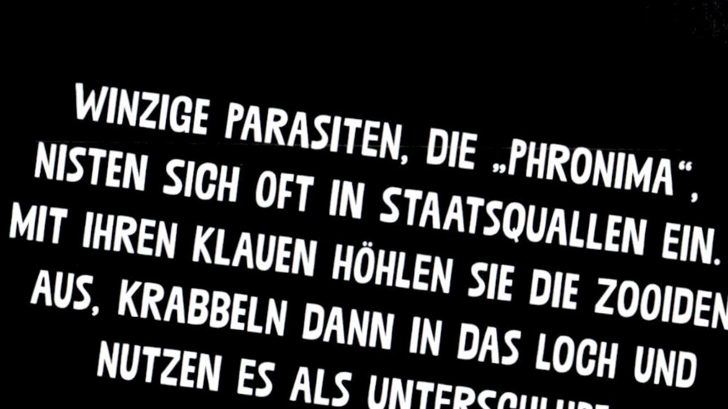

RIESENASSEL

Lass dich nicht täuschen. Diese Biester sehen vielleicht aus wie die Asseln, die im Garten unter alten Ziegelsteinen oder moderndem Holz herumwuseln, aber: Wie ihr Name schon sagt, sind Riesenasseln viel, VIEL größer als ihre Verwandten. Von den rund 10.000 Arten der Land- und Meeresasseln werden die meisten nur ein paar Millimeter groß. Die Riesenassel wird hingegen bis zu 40 Zentimeter lang und wiegt fast 2 Kilogramm.

Unter ihrem Panzer hat die Riesenassel eine dicke Fettschicht. Dank dieser Energiereserve kann sie etwa 4 Jahre ohne Nahrung überleben: Sie muss einfach nur geduldig auf die nächste große Mahlzeit warten, wie zum Beispiel einen toten Wal, der in der Nähe herabsinkt, so dass sie ihre Fettdepots wieder auffüllen kann.

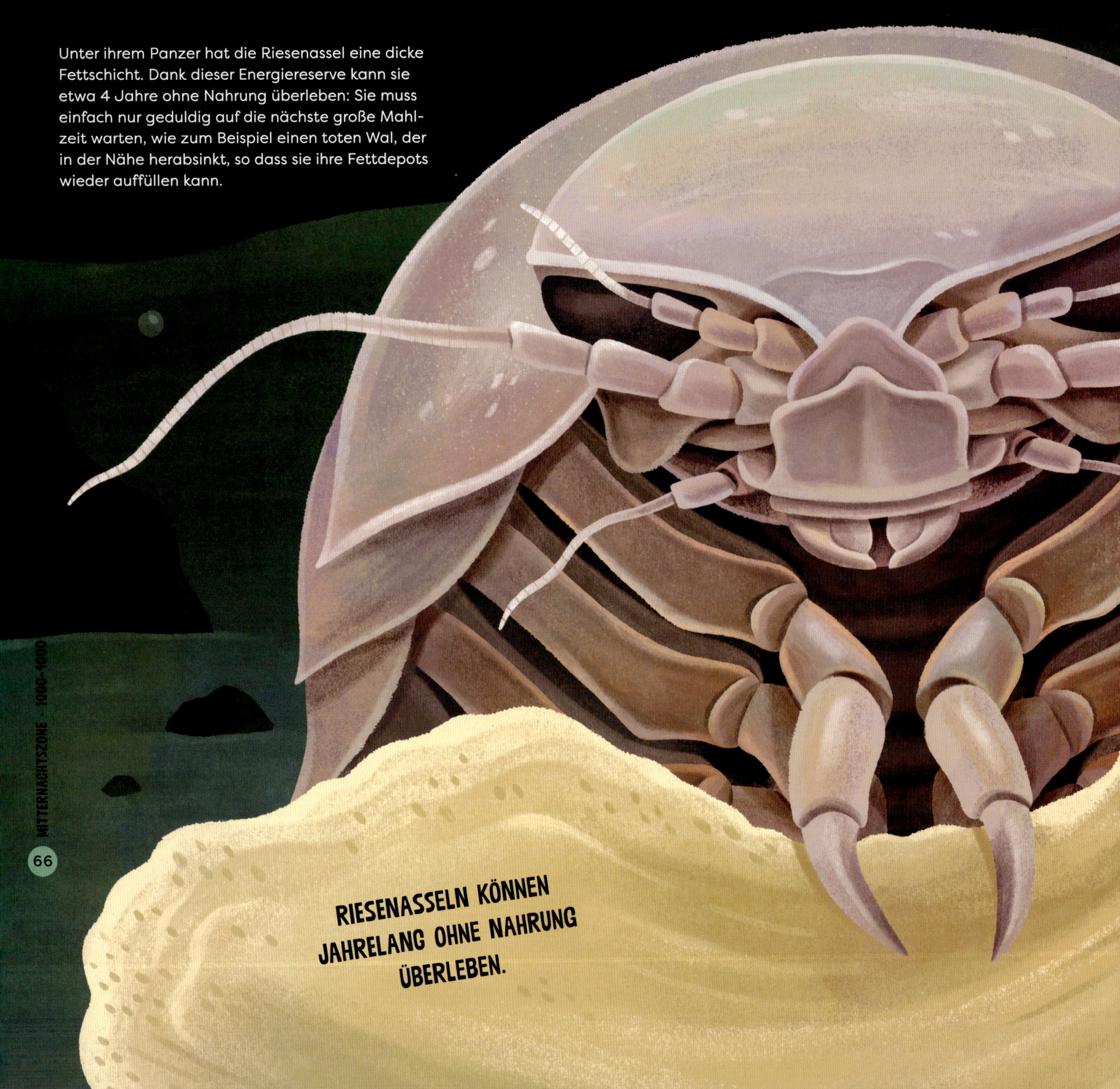

RIESENASSELN KÖNNEN JAHRELANG OHNE NAHRUNG ÜBERLEBEN.

DURCH EINEN PANZER GESCHÜTZT („AUSSENSKELETT"), KRIECHT DIE RIESENASSEL ÜBER DEN MEERESBODEN UND WARTET AUF HERABFALLENDE NAHRUNGSSTÜCKE.

Einige Tiefseebewohner, darunter die Riesenassel, werden im Vergleich zu ihren Verwandten im flachen Wasser riesig. Man vermutet, dass hinter diesem „Tiefsee-Gigantismus" Folgendes steckt: Größere Lebewesen können besser Energie sparen als kleinere, weitere Strecken zurücklegen, um Nahrung zu finden, und dann mehr fressen.

Riesenasseln sind Aasfresser und ernähren sich normalerweise von toten Krebsen und Fischen. Ein toter Wal entspricht etwa der Menge an „Meeresschnee", die in 150 Jahren auf ein Areal von 4000 bis 8000 Quadratmetern (so groß wie ein Fußballfeld) niederrieseln würde.

DAS ABYSSAL

4000-6000 METER

Der Name dieser Meereszone passt sehr gut: „Abyss“ leitet sich von dem griechischen Wort für „bodenlos“ ab. Das völlige Fehlen von Licht bewirkt, dass hier kein pflanzliches Leben gedeihen kann, dafür aber viele einzigartige Lebewesen, die sich an den zerstörerischen Druck, die Dunkelheit und die Eiseskälte angepasst haben.

CASPER-OKTOPUS

Benannt nach Casper, dem Geist, lebt diese blasse kleine Oktopus-Art in über 4000 Metern Tiefe – noch tiefer taucht nur noch der Dumbo-Oktopus (Seite 78–79). Casper-Oktopusse stecken voller Geheimnisse. Man vermutet, dass sie so geisterhaft aussehen, weil die Nahrung, die sie fressen, keine Farbpigmente enthält. Außerdem glaubt man, dass sie ihre kurzen Arme nicht zum Greifen der Beute einsetzen, sondern sich stattdessen auf sie setzen und sie mit ihrem Körper einschließen.

Wie alle Tintenfische gehören Oktopusse zu den Kopffüßern. An ihren riesigen Köpfen befinden sich acht biegsame Arme, deren Saugnäpfe über Geschmacks- und Tastsinn verfügen. Auf diesen Armen bewegt sich der Oktopus nicht nur über den Meeresboden, sondern er packt damit auch Beutetiere wie Muscheln, Krebse und Seeschnecken. Hat er sein Opfer gefangen, bohrt er mit seinem Schnabel ein Loch in die Schale oder bricht sie auf, um lähmendes Gift zu injizieren.

Tintenfische sind unglaublich schlau und benutzen sogar Werkzeuge. Manche bauen Höhlen mit einer Tür aus Steinen oder Muscheln. Andere tragen giftige Quallen-Tentakel mit sich herum, um Beute zu betäuben oder sich vor Fressfeinden zu schützen. Wieder andere sind Verwandlungskünstler und ahmen mit ihrer Körperform und ihren Bewegungen andere Lebewesen nach, zum Beispiel die giftige Blaurand-Seezunge.

AUSSER DEM GEHIRN IN IHREM KOPF HABEN OKTOPUSSE AN JEDEM IHRER ARME EINE MENGE GEHIRNZELLEN – SOZUSAGEN MINI-GEHIRNE.

Oktopusse bestehen hauptsächlich aus Muskeln, weshalb sie unglaublich biegsam sind. Der Casper-Oktopus kann sich in winzige Lücken zwängen, wo er sich vor Raubtieren versteckt und auf vorbeiziehende Beute wartet. Manche Arten passen sich ihrer Umgebung an, indem sie die Farbe und Beschaffenheit ihrer Haut verändern, um wie Felsen oder Korallen auszusehen.

DREIBEIN FISCH

Die Tiefsee beherbergt eine enorme Vielfalt seltsamer und wunderbarer Lebewesen. Eines der merkwürdigsten ist der Dreibeinfisch: ein Fisch, der steht. Obwohl er schwimmen kann, stakst der Dreibeinfisch die meiste Zeit auf drei langen, spindeldürren Flossen über den Meeresboden. Diese skurrile Anpassung zeigt, wie abwechslungsreich die Lebensformen im Abyssal sind.

Fische bewegen sich mithilfe ihrer Flossen. Die Flossen des Dreibeinfischs haben sich jedoch höchst ungewöhnlich weiterentwickelt: Die beiden Bauchflossen und die Schwanzflosse wurden extrem lang. Zusammen funktionieren sie wie Beine und geben dem Dreibeinfisch nicht nur seinen Namen, sondern ermöglichen es ihm auch, auf dem Meeresboden sowohl zu landen als auch bewegungslos zu stehen.

FÜR PLANKTON, DAS DAS PECH HATTE, SICH IN DEN KIEMEN DES DREIBEINFISCHS ZU VERFANGEN, GIBT ES KEIN ENTKOMMEN!

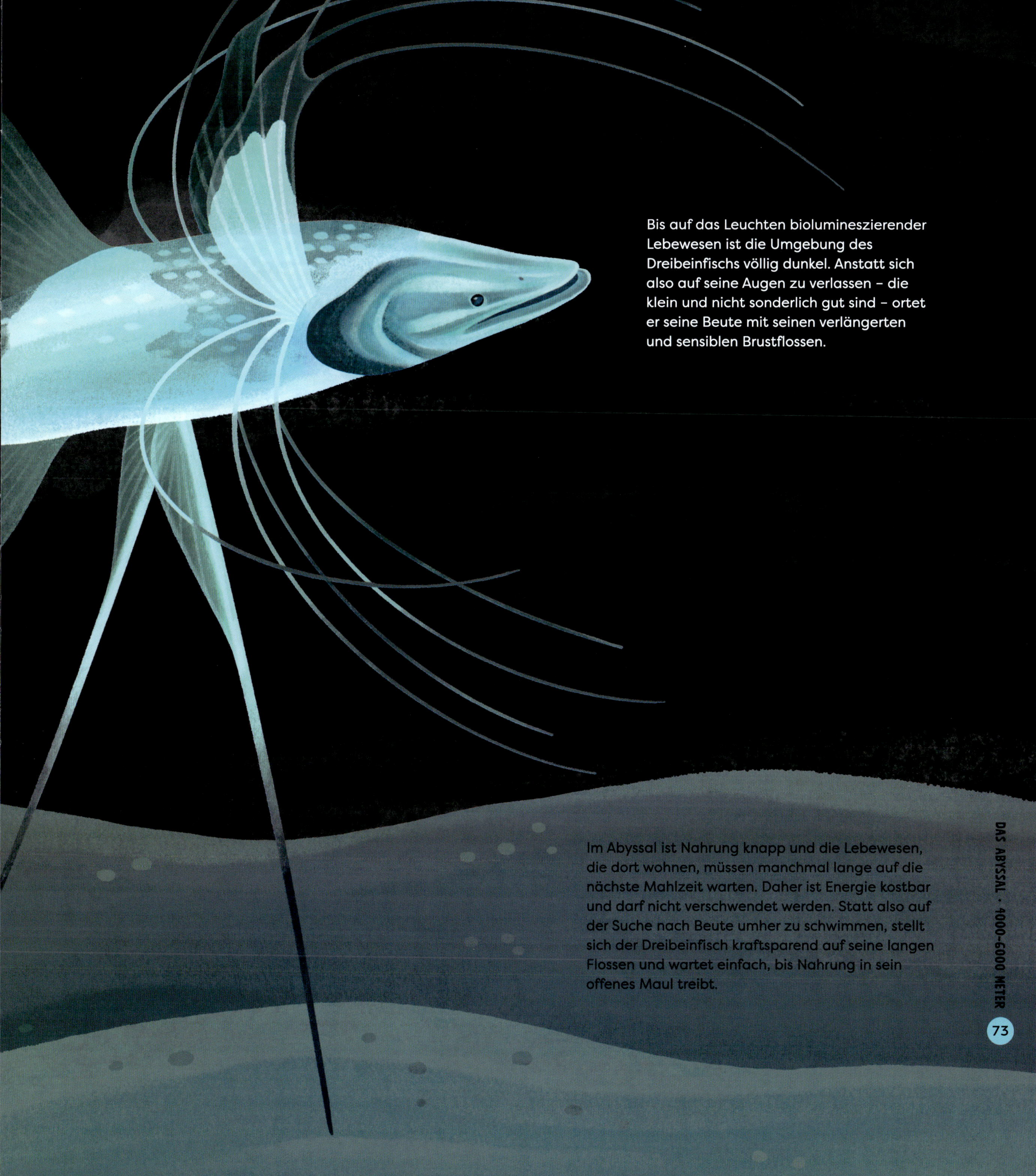

Bis auf das Leuchten biolumineszierender Lebewesen ist die Umgebung des Dreibeinfischs völlig dunkel. Anstatt sich also auf seine Augen zu verlassen – die klein und nicht sonderlich gut sind – ortet er seine Beute mit seinen verlängerten und sensiblen Brustflossen.

Im Abyssal ist Nahrung knapp und die Lebewesen, die dort wohnen, müssen manchmal lange auf die nächste Mahlzeit warten. Daher ist Energie kostbar und darf nicht verschwendet werden. Statt also auf der Suche nach Beute umher zu schwimmen, stellt sich der Dreibeinfisch kraftsparend auf seine langen Flossen und wartet einfach, bis Nahrung in sein offenes Maul treibt.

KOLOSSALE SEESPINNE

Es gibt etwa 1300 Seespinnen-Arten. Die meisten leben in den seichten Gewässern der Weltmeere und sind wenige Zentimeter groß. Doch in den tiefsten Tiefen der Arktischen und Antarktischen Ozeane lauert die wahre Gigantin ihrer Art: die *Colossendeis colossea*. Auf ihrer Nahrungssuche stakst sie auf stelzenartigen Beinen über den Meeresboden und kann bis zu 70 Zentimeter groß werden.

Ihr ungewöhnlicher Körperbau macht die Kolossale Seespinne besonders faszinierend: Die meisten ihrer Organe befinden sich in den Beinen, und Sauerstoff wird direkt aus dem Wasser entnommen und dorthin transportiert, wo er gebraucht wird.

Da sie keine Zähne haben, können Seespinnen ihre Nahrung nicht kauen. Stattdessen stellen sie sich über die Beute, etwa einen Wurm, einen Schwamm oder eine Qualle, und bohren mit einem langen, hohlen, biegsamen Rüssel in den weichen Körper des Tieres und saugen dessen Innereien heraus. Genauso verfahren sie mit Anemonen, aber weil die größer sind, überleben sie diese Tortur normalerweise.

MANCHE SEESPINNEN KRABBELN NICHT NUR ÜBER DEN MEERESBODEN, SONDERN RUDERN MIT AUSGESTRECKTEN BEINEN DURCHS WASSER.

Durch ihre langen Beine und die krabbelnden Bewegungen ähneln Seespinnen den Spinnen an Land. Ihr Körper besteht aus Segmenten, die von einem äußeren Skelett, dem Exoskelett, gestützt werden, und sie haben mehrere gelenkige Beinpaare. Genau wie Landspinnen wachsen Seespinnen durch Häutung, bei der unter dem alten Exoskelett ein neues zum Vorschein kommt.

DIE GRÄBEN

6000–11.000 METER

Diese Welt ist so schwer erreichbar und ihre Erforschung so gefährlich, dass wir über sie viel weniger wissen als über den Mars. Der tiefste Punkt unseres Planeten ist das Challengertief im Pazifik. Es befindet sich in einem gewaltigen Abgrund, dem Marianengraben, der dort bis zu 10,9 Kilometer tief abfällt – das ist 2 Kilometer tiefer als der Mount Everest hoch ist.

DUMBO-OKTOPUS

Der niedliche kleine Dumbo-Oktopus verdankt seinen Namen der Ähnlichkeit mit der berühmten Disney-Figur „Dumbo“, dem Elefanten, der dank seiner gewaltigen Ohren fliegen kann. Die „Ohren“ des Dumbo-Oktopus sind allerdings Flossen, mit denen er langsam durch das Meer gleitet und auch lenkt.

Es gibt mindestens 15 Dumbo-Oktopus-Arten, und sie alle gehören zur Familie der Scheibenschirme. Bei den Kraken dieser Familie sind alle acht Arme durch Schwimmhäute verbunden; wenn sie ihre Fangarme spreizen, sehen sie wie ein aufgespannter Schirm aus.

Auf der Suche nach Nahrung schwebt der Dumbo-Oktopus über den Meeresboden. Hat er zum Beispiel einen Wurm oder eine Seeschnecke entdeckt, taucht er hinunter, bedeckt die Beute mit seinem Schirm aus Haut, führt sie mit seinen fingerartigen Fortsätzen („Cirren“) an der Unterseite der Arme zum Schlund und verschluckt sie komplett.

Da man in der lichtlosen Tiefe nicht jederzeit auf einen Partner trifft, trägt das Dumbo-Oktopus-Weibchen stets Samen und Eier in verschiedenen Entwicklungsstadien mit sich herum. Sobald die Umstände stimmen, legt es ein paar befruchtete Eier auf einen festen Untergrund, so dass die Nachkommen schlüpfen können.

KEIN TINTENFISCH TAUCHT SO TIEF WIE DER DUMBO-OKTOPUS: ER LEBT IN BIS ZU 7000 METERN TIEFE!

BARTMÄNNCHEN

Verglichen mit dem furchterregenden Fangzahnfisch oder dem grotesk aussehenden Gespensterfisch kommt das geisterhaft graue Bartmännchen ziemlich unspektakulär daher. Doch dieser einzelgängerische Geselle ist ein echter Rekordbrecher: Nachdem er in 8370 Metern Tiefe im Puerto-Rico-Graben des Atlantiks gefunden wurde, bekam er den Titel des am tiefsten tauchenden Fisches der Welt.

Trotz ihres langen, schlangenartigen Körpers gehören Bartmännchen nicht zu den Aalen. Ihre Rücken-, After- und Schwanzflosse bilden eine einzige lange Flosse, die sich über seine gesamte Länge erstreckt. Manche Bartmännchen-Arten leben in flachen Gewässern, doch die meisten bevorzugen die Tiefen des Abyssals und der Gräben.

Bartmännchen spüren ihre Beute mit fadenförmigen Hautorganen unter dem Kinn, den „Barteln", auf, und verschlingen sie im Ganzen. Sie sind nicht wählerisch und fressen alles, was ihnen in die Quere kommt, auch Würmer, Krebse, Fische, Seesterne, Schlangensterne und Seeigel.

Wenn das Bartmännchen nicht gerade auf der Jagd ist, versteckt es sich gerne vor Fressfeinden, und zwar in Felsspalten, zwischen Korallen oder in Schlammlöchern, die es sich selbst mit seinem Schwanz gräbt.

SEIN WISSENSCHAFTLICHER NAME IST *OPHIDIIDAE*, ABGELEITET VON „OPHIS", DEM GRIECHISCHEN WORT FÜR „SCHLANGE".

SEEGURKE

In den tiefsten Tiefen des Ozeans tummeln sich riesige Herden sonderbarer, krabbelnder und kriechender Geschöpfe auf endloser Nahrungssuche. Die auch „Seewalze" genannte Seegurke hat sich perfekt an das Leben an einem der unwirtlichsten Orte der Erde angepasst und macht rund 90 Prozent aller Lebewesen in den Gräben, im Hadopelagial, aus.

Seegurken gehören wie Seesterne, Schlangensterne und Seeigel zu den wirbellosen Tieren, den Stachelhäutern. Sie bewegen sich mithilfe vieler tentakelartiger Röhrenfüße fort. Die meisten Seegurken fangen mit ihren Tentakeln am Mund Nahrung, wie Plankton und verrottendes organisches Material, das mit der Strömung an ihnen vorbeitreibt. Andere durchwühlen damit den „Meeresschnee" oder graben im Meeresboden nach Leckerbissen.

Obwohl sie weich und langsam sind, können Seegurken sich absolut behaupten. Die meisten Raubfische meiden sie, weil ihr Fleisch Giftstoffe enthält. Die, die dennoch einen Happen probieren wollen, werden wahrscheinlich abgeschreckt, sobald ihre potenzielle Mahlzeit einen Teil ihrer inneren Organe aus dem Anus auf sie schleudert. Diese brutale, aber effektive Technik wird „Eviszeration“ genannt.

Auch wenn Seegurken meistens über den Meeresboden kriechen, können einige Arten schwimmen. Von den rund 1200 Seegurken-Arten verbringt nur eine die meiste Zeit schwimmend. *Pelagothuria natatrix* ähnelt eher einer Qualle und treibt oft durch sauerstoffarmes Wasser, möglicherweise um sauerstoffliebenden Angreifern zu entgehen.

DIESE SEEGURKE, *PSYCHROPOTES LONGICAUDA*, WIRD AUCH „GUMMI-EICHHÖRNCHEN“ GENANNT, WEIL SIE WIE EIN GUMMIBONBON MIT EICHHÖRNCHENSCHWANZ AUSSIEHT.

DIE RÜCKKEHR ZUM LICHT

Unsere Reise zum Meeresgrund ist zu Ende. Wir sind beim Abstieg durch jede Zone getaucht und haben unterwegs angehalten, um einen kleinen Teil der vielen unglaublichen Kreaturen zu bestaunen, die dort leben. Sie treiben, schweben und schwimmen in der kalten Dunkelheit und fristen ihr Dasein in einer Umgebung, die sich von unserer stark unterscheidet. Und jetzt, nachdem wir uns 10 Kilometer tief auf den Grund gewagt haben, tauchen wir wieder hinauf ans Licht.

Nun wissen wir, dass die Unterwasserwelt noch viele Geheimnisse birgt – trotz der sich ständig verbessernden Technologie, wie zum Beispiel bemannte und ferngesteuerte Tauchboote, die mit hochentwickelten Kameras ausgestattet sind. Wir sind überwältigt von der unglaublichen Artenvielfalt – von den Schwärmen winziger Laternenfische bis zum riesigen, einsamen Pottwal, von der schattenhaften Phantomqualle bis zum schillernden Farbspektakel der Blutbauch-Kammqualle, vom furchterregenden Fangzahnfisch bis zur ruhigen und geduldigen Staatsqualle.

Dass überhaupt etwas in der rauen Umgebung der Tiefsee überlebt, erscheint uns unglaublich. Aber die große Vielfalt an Lebewesen, die es dort gibt, zeigt uns, wie erstaunlich anpassungsfähig alles Leben auf der Erde ist. In dieser völligen Dunkelheit, diesen eisigen Wassertemperaturen, dem niedrigen Sauerstoffgehalt und dem gewaltigen Wasserdruck könnten wir nicht leben. Aber viele Meeresbewohner!

Leider schützt ihre außergewöhnliche Umgebung sie nicht vor der Bedrohung durch uns Menschen. Abfallstoffe im Meer – besonders giftige Chemikalien oder Plastikmüll, der sich zersetzt und zu Mikroplastik wird – gelangen in die Tiefsee, wo sie von den dort lebenden Tieren gefressen werden. Der Klimawandel, der durch die Verbrennung fossiler Brennstoffe beschleunigt wird, erwärmt die Ozeane und bedroht das Leben vieler Meeresbewohner, weil er ihre empfindlichen Ökosysteme aus dem Gleichgewicht bringt. Es gibt sogar Länder, die den Meeresgrund in der Tiefe noch weiter abbauen wollen, um wertvolle Bodenschätze wie Silber und Gold zu gewinnen.

Wir Menschen haben die Aufgabe, uns um unseren Planeten zu kümmern – schließlich ist er das einzige Zuhause, das wir alle haben. Deshalb müssen wir alles tun, um diese einzigartigen Geschöpfe der Tiefe zu schützen.

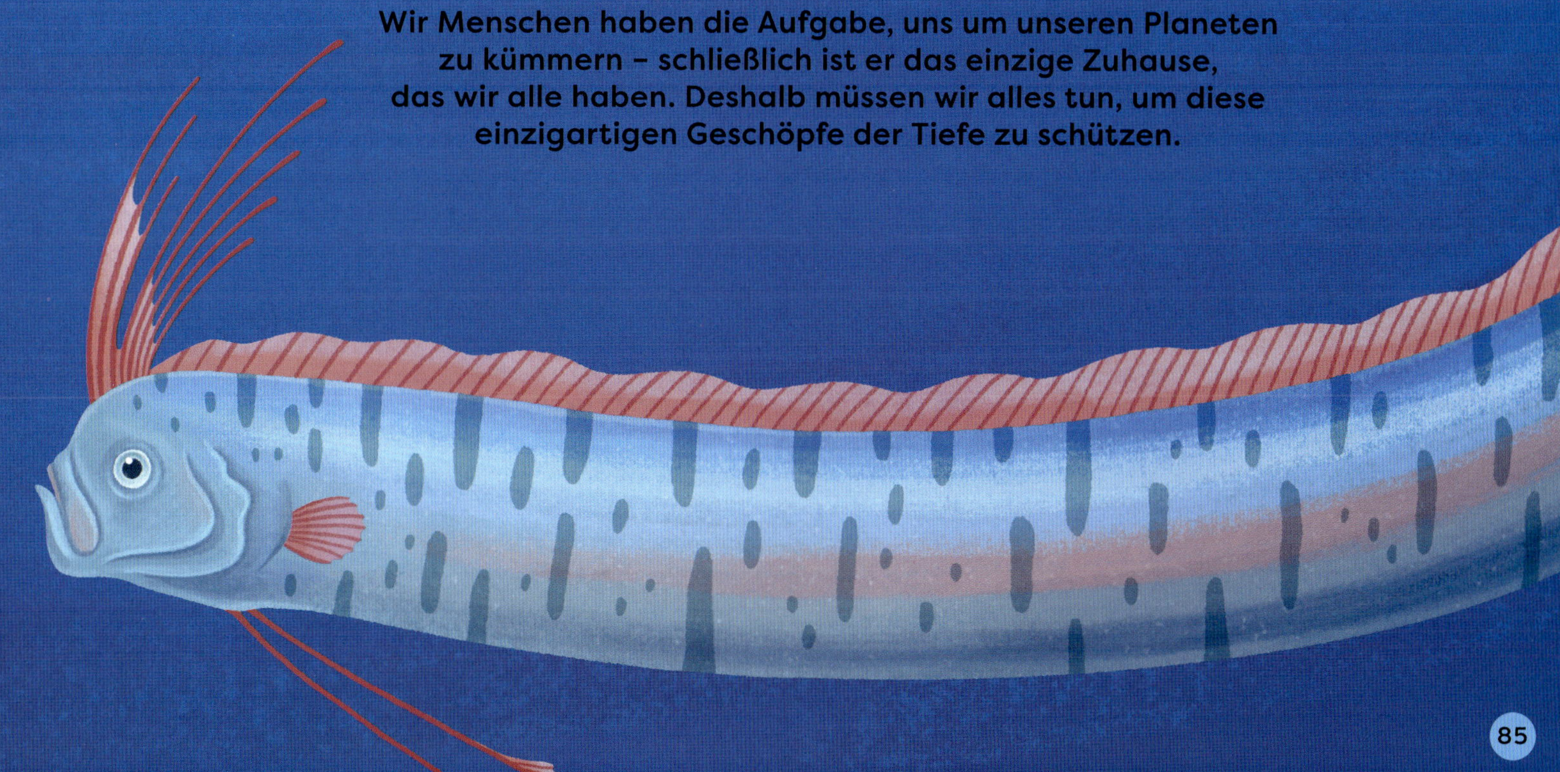

GLOSSAR

ABYSSAL

Abyssopelagial bedeutet „bodenlose Tiefe“ und umfasst den Tiefenbereich zwischen 4000 und 6000 Metern. Es herrschen Temperaturen um den Gefrierpunkt.

ALLESFRESSER

Ein Tier, das Fleisch und Pflanzen frisst.

ART (auch Spezies)

Gruppe lebender **ORGANISMEN** aus ähnlichen Individuen, die sich miteinander vermehren können.

ARTHROPODEN siehe GLIEDERFÜSSER

BAKTERIEN

Winzige Lebewesen oder **ORGANISMEN**, die fast überall auf der Erde vorkommen. Einige leisten unentbehrliche Arbeit für unser Überleben, während andere Krankheiten verursachen können.

BARTELN

Ein **ORGAN** zur Wahrnehmung, das sich am Maul einiger Fische befindet.

BATHYPELAGIAL siehe MITTERNACHTSZONE

BAUCHFLOSSE/BRUSTFLOSSE

Teil des Flossenpaars an der Unterseite eines Fisches; dient der Richtungskontrolle und sorgt für Stabilität beim Schwimmen.

BEUTE

Lebewesen, die von **RAUBTIEREN** als Futter gejagt werden.

BIOLUMINESZENZ

Licht, das von Lebewesen erzeugt wird, wie etwa von einigen Insekten, Meeresbewohnern und **BAKTERIEN**.

DNA

Desoxyribonukleinsäure: die chemische Substanz, die in allen Lebewesen ist. Wie eine Gebrauchsanweisung gibt sie den **ZELLEN** Informationen darüber, wie sie sich entwickeln sollen.

ELEKTRISCHES FELD

Unsichtbare Energie, die Lebewesen abgeben; kann von einigen Raubtieren wahrgenommen werden.

EPIPELAGIAL siehe SONNENLICHTZONE

EVISZERATION

Abwehrtechnik der Seegurke, die bei Gefahr einen Teil ihrer inneren Organe ausstößt. Sie bilden sich innerhalb von ein paar Tagen bis Wochen wieder neu.

EXOSKELETON (oder Außenskelett)

ist die harte äußere Hülle bestimmter Tierarten, wie etwa Insekten und Krebstiere, die sie stützt und schützt.

GIFT

Eine Substanz, die von lebenden **ORGANISMEN** produziert wird und die Beute betäubt oder tötet.

GLIEDERFÜSSER (oder Arthropoden)

haben eine harte Außenhaut, einen in Segmente unterteilten Körper und gegliederte Beine. Sie sind auch **WIRBELLOSE**. Die Japanische Riesenkrabbe ist der größte und der zweitschwerste Gliederfüßer.

GRÄBEN

Das Hadopelagial umfasst die Tiefseegräben ab 6000 Metern bis hin zum tiefsten Punkt der Meere im Marianengraben (Westpazifik) bei etwa 11.000 Metern.

HADOPELAGIAL siehe GRÄBEN

KIEMEN

ORGANE, mit denen Fische und andere Unterwassertiere atmen.

KOPFFÜSSER (oder *Cephalopoden*)

sind Tintenfische, Oktopusse, Nautiliden und ihre Verwandten. Sie sind Weichtiere oder auch Mollusken (die Gruppe, zu der auch Schnecken und Muscheln gehören) und haben einen großen Kopf, der von Tentakeln umgeben ist.

KREISLAUFSYSTEM

Das Netz aus Arterien, Venen und Kapillaren, durch das das Blut fließt.

KÖDER

Körperteil, mit dem ein Meerestier seine Beute anlockt.

KOLONIE

Eine Gruppe von Lebewesen der gleichen Art, die zusammenleben.

KREBSTIERE

Krabben, Hummer, Garnelen, Seepocken und ihre Verwandten. Krebstiere sind **ARTHROPODEN**.

MEERESSCHNEE

Die winzigen Nahrungs- und Nährstoffteilchen, die von den oberen Schichten des Meeres herabschweben.

MEMBRAN

Dünne Haut, Gewebe oder Zellschicht, die die Körperteile eines Tieres bedeckt oder miteinander verbindet; oder die äußere Schicht einer **ZELLE**.

MESOPELAGIAL siehe ZWIELICHTZONE

MITTERNACHTSZONE
Die Zone zwischen 1000 und 4000 Metern heißt auch Bathypelagial. Die Temperatur liegt zwischen 1 und 4 Grad.

NERVENSYSTEM
Der Teil eines Lebewesens, der Signale zwischen Gehirn und anderen Körperteilen wie Muskeln, Augen und Haut sendet, so dass es sich bewegen, sehen oder fühlen kann.

ORGAN
Körperteil wie etwa Gehirn, Herz oder Leber, das bestimmte Aufgaben erfüllt.

ORGANISMUS
Jede **ART** einer Lebensform.

PARASIT
Tier oder Pflanze, die auf oder in einem anderen Tier oder einer Pflanze (seinem Wirt) leben und sich von ihm ernähren.

PHOTOPHORE
Ein Organ, das Licht erzeugt.

PIGMENT
Farbsubstanz.

PLANKTON
Winzige **ORGANISMEN**, die im Meer schweben; wichtige Nahrungsquelle für Meeresbewohner.

RAUBTIER
Ein Lebewesen, das andere Tiere jagt, um sich zu ernähren.

RÜCKENFLOSSE
Eine oder mehrere Flossen auf dem Rücken von Fischen und Walen; dient der Stabilität und der Unterstützung bei Drehungen.

SATELLIT
Elektronisches Gerät, das in den Weltraum geschossen wird, um die Erde zu umkreisen; dient dem Sammeln und/oder Senden von Daten wie etwa Fotos.

SCHALLWELLE
Unsichtbare Energie, erzeugt durch Schwingungen, die sich in Festkörpern, Flüssigkeiten und der Luft ausbreiten und mit den Ohren wahrgenommen werden.

SCHLANGENSTERN
Kleines, fünfbeiniges Meereslebewesen, das eng mit dem Seestern verwandt ist.

SEITENLINIENORGAN
Hautsinnesorgan, mit dem Wassertiere mithilfe der Seitenlinienporen Wasserströmungen und **ELEKTRISCHE FELDER** wahrnehmen.

SONAR
Sound Navigation Ranging. Methode zur Erfassung entfernter Objekte in der Luft oder unter Wasser, bei der die Reflexion von Schallwellen zum „Sehen“ genutzt wird.

SONNENLICHTZONE
Den Bereich von der Wasseroberfläche bis etwa 200 Meter Tiefe heißt auch Epipelagial. Etwa 90 Prozent aller Meereslebewesen sind in dieser Schicht zuhause.

TAUCHBOOT
Bemanntes oder unbemanntes (ferngesteuertes) U-Boot, das zur Erkundung und Dokumentation der Tiefsee eingesetzt wird.

WALSTURZ
Bei einem Walsturz oder Walfall sinkt ein verendeter Wal auf den Meeresboden. Dort bildet sein Kadaver ein Ökosystem und dient jahrzehntelang als Nahrungsquelle für verschiedene Meeresbewohner.

WIRBELLOSE
Lebewesen ohne Wirbelsäule oder Knochen, wie Riesenkalmar, Seegurke, Schwamm, Koralle, Schnecke, Insekt oder Krebs.

WIRBELTIERE
Tiere mit Wirbelsäule: Säugetiere, Vögel, Reptilien, Amphibien und Fische.

ZELLE
Grundbaustein eines Lebewesens, verantwortlich für lebensnotwendige Prozesse.

ZOOPLANKTON
Mikroskopische Meerestiere – entweder ausgewachsene Tiere, wie Krill, oder die jugendlichen Formen von Krebsen und Fischen.

ZOOID
Ein Zooid ist ein Einzeltier und Teil einer koloniebildenden Art. Zooide leben nicht nur als isolierte Individuen in räumlicher Nähe, sondern können auch miteinander verwachsen sein.

ZWIELICHTZONE
Den Tiefenbereich zwischen 200 und 1000 Metern nennt man Mesopelagial. Hierhin kommt nur noch maximal 1 Prozent des Sonnenlichts. Die Temperaturen sinken auf 4–8 Grad Celsius.

REGISTER

A

Abyssal 6, 46, 68–75, 80, 86
Alarmqualle 6, 58–59
Algen 14, 15
Allesfresser 14–15, 86
Amerikanischer Hummer 14
Anglerfisch 20–21, 32–33, 40–41, 46, 56–57
anlocken 13, 26, 31, 40, 42, 47, 57, 58, 61, 86
Antarktischer Ozean 74
Arktischer Ozean 55, 74
Arme 16, 17, 24, 48, 49, 54, 70, 71, 78
Arthropoden → Gliederfüßer
Atlantischer Ozean 11, 22, 32, 43, 52, 80
Augen 12, 16, 22, 23, 26, 28, 32, 42, 46, 51, 56, 62, 73, 87
Außenskelett → Exoskelett

B

Bakterien 86
Barteln 13, 80
Bartmännchen 7, 80–81
Bathypelagial → Mitternachtszone
Beine 14, 20, 56, 72, 74, 75, 86
Biolumineszenz 18–19, 26–27, 31, 58–59, 61–62, 73, 86
Blutbauch-Kammqualle 6, 36–37, 84

C

Casper-Oktopus 6, 70–71
Challengertief 76
Cirroteuthis-Oktopus 6, 48–49

D

Dreibeinfisch 6, 72–73
Dumbo-Oktopus 7, 70, 78–79
durchsichtig 12, 16, 19, 22, 35, 44, 45, 59

E

Eier 11, 79
Epipelagial → Sonnenlichtzone
Eviszeration 83, 86
Exoskelett 14, 75, 86

F

Fächerflosser 6, 32–33
Fangzahnfisch 6, 46–47, 80, 84
Flossen 13, 20, 23, 32, 33, 35, 49, 56, 72, 73, 78, 86, 87

G

Garnelen 10, 20, 40, 41, 57, 86
Gemeines Perlboot 6, 24–26
Geruchssinn 25, 42, 47
Gespensterfisch 6, 22–23, 80
Gestreifter Seewolf 6, 10–11
Gift 44–45, 64–65, 70–71, 82–83, 85, 86
Gliederfüßer 14, 86
Gräben 7, 76–83
Grönlandhai 6, 42–43

H

Hadopelagial → Gräben
Halitrephes maasi 6, 44–45

I

Indischer Ozean 22, 32

J

Japanische Riesenkrabbe 6, 14–15, 86

K

Kiefer 10, 32, 34, 35, 41, 42, 52
Kiemen 21, 28, 53, 72, 86
Klimawandel 85
Knorpelfische 29
Köder 12–13, 20–21, 32–33, 40–41, 56–57, 86
Kolonie 64–65, 86
Kolossale Seespinne 7, 74–75
Kopffüßer 16–17, 24–25, 34, 70–71, 78–79, 86
Koralle 71, 81, 87
Krabbe 14–15, 86
Kragenhai 6, 52–53
Krebs 24, 42, 47, 51, 64, 67, 70, 80, 86, 87
Kreislaufsystem 44–45, 58–59, 86
Krustentiere 10, 12, 51

L

Lasiognathus amphirhamphus 6, 40–41
Laternenfisch 6, 26–27, 84

M

Marianengraben 76, 86, 88
Meeresgrund 10, 14, 18, 27, 48, 56, 67, 70, 72, 74, 75, 78, 82, 83, 84, 85, 87
Meeresschnecken 10, 24, 52, 57, 70, 78, 86, 87
Meeresschnee 16, 58, 67, 82, 86
Mesopelagial → Zwielichtzone
Mitternachtszone 6, 30–67
Mollusken 86
Muscheln 70, 86

N

Nasenhai 6, 34–35
Nematocyten → Nesselzellen
Nervensystem 59–60, 86
Nesselzellen 22

O

Oktopus 6, 7, 16, 20, 48–49, 70–71, 78–79, 86
Organismen 28, 86, 87

P

Parasit 65, 87
Pazifischer Ozean 20, 22, 32, 52, 76
Phantomqualle 6, 54–55, 84
Photophoren 21–27, 87
Pigment 70–71, 87
Plankton 19, 54, 60, 61, 64, 72, 82, 87
Planktonischer Borstenwurm → *Tomopteris*
Pottwal 6, 38–39, 62, 84
Puerto-Rico-Graben 80

Q

Qualle 6, 22, 36–37, 44–45, 54–55, 58–59, 63, 64–65, 70, 74, 83–84

R

Raubtier 38–39, 46–47, 58, 71, 86, 87
Riesenassel 6, 66–67
Riesenmaulhai 6, 60–61
Rüssel 74
Regalecus glesne 6, 28–29
Riesenkalmar 6, 39, 62–63, 87

S

Sargfisch 6, 20–21
Satellit 4, 87
Sauerstoff 21, 44, 53, 74, 83, 85
Schallwellen 38, 87
Schlangenstern 7, 10, 80, 82, 87
Schnabel 24, 49, 63, 70
Schuppen 26, 29
Schwamm 74, 87
Schwarzer Drachenfisch 6, 12–13
Seeanemone 14, 74
Seefledermaus 6, 56–57
Seegurke 7, 82–83, 86, 87
Seenessel 6
Seestern 10, 80, 82, 87
Sipho 25
Sonar 27, 87
Sonnenlichtzone 4, 6, 9, 27, 60, 87
Staatsqualle 6, 64–65
Stacheln 41, 44, 57
Strahlantrieb 25

T

Tarnung 14, 26
Tauchboot → U-Boot
Tentakel 17, 22, 24, 25, 37, 39, 44, 49, 54, 58, 63, 64, 65, 70, 82, 86
Tintenfisch 6, 14, 16–17, 24, 25, 26, 38, 39, 47, 52, 62–63, 70–71, 78–79
Tomopteris 6, 18–19

U

U-Boot 5, 25, 58, 84, 87
Urea 42–43

V

Vampirtintenfisch 6, 16–17

W

Walkopf 6, 50–51
Wirbellose 62–63, 82–83, 87
Wirbeltiere 26–27, 28–29, 42–43, 87

Z

Zähne 5, 10, 12, 13, 24, 28, 42, 46, 47, 52, 74
Zelle 12, 34, 71, 87
Zooid 64–65, 87
Zooplankton 22, 27, 87
Zwielichtzone 8–29